컴퓨팅 사고를 위한

소프트 파워 UP
with 스크래치 3.0

김호다·이지민·정영철·최동민·탁동길 저

YD Edition 연두에디션

저자 약력

김호다
홍익대학교 영상학과 미술학 박사
전 : 조선대학교 만화 애니메이션학부 초빙객원교수
현: 조선대학교 SW융합교육원 교수

이지민
조선대학교 정보통신공학 박사
전: 아주통신(주) 기업부설연구소 연구소장
현: 조선대학교 SW융합교육원 교수

정영철
조선대학교 정보통신공학 박사
전: 건화 기술개발 이사, JNI Korea 연구소장
현: 조선대학교 SW융합교육원 교수

최동민
조선대학교 컴퓨터공학 박사
전: 조선대학교 컴퓨터공학과 박사후연구원
현: 조선대학교 기초교육대학 자유전공학부 교수

탁동길
조선대학교 전자계산학 박사
전: 조선대학교 컴퓨터공학부 겸임교수
현: 조선대학교 SW융합교육원 교수

본 연구는 과학기술정보통신부 및 정보통신기술진흥센터의 SW중심대학지원사업의
연구결과로 수행되었음. (2017-0-00137)

컴퓨팅 사고를 위한
소프트 파워 UP
with 스크래치 3.0

발행일 2018년 12월 18일 초판 1쇄
2019년 9월 2일 초판 2쇄
지은이 김호다 · 이지민 · 정영철 · 최동민 · 탁동길
펴낸이 심규남
기 획 염의섭 · 이정선
표 지 이경은 | **본 문** 이경은
펴낸곳 연두에디션
주 소 경기도 고양시 일산동구 동국로 32 동국대학교 산학협력관 608호
등 록 2015년 12월 15일 (제2015-000242호)
전 화 031-932-9896
팩 스 070-8220-5528
I S B N 979-11-88831-14-2
정 가 23,000원

이 책에 대한 의견이나 잘못된 내용에 대한 수정정보는 연두에디션 홈페이지나 이메일로 알려주십시오.
독자님의 의견을 충분히 반영하도록 늘 노력하겠습니다.
홈페이지 www.yundu.co.kr

21세기에 들어서 디지털 세계와 더불어 소프트웨어는 현대사회의 다양한 패러다임을 급속히 변화시키면서 인간의 생활양식 변화에도 커다란 영향을 미치고 있다. 우리는 흔히 기계가 사고할 수 있는가?, 사고한다는 것이 무엇인가?, 인간과 기계의 사고가 같을 수 있는가? 이런 물음을 철학적인 물음이라고 생각한다. 이는 머지않아 현실에서 고민해야하는 문제일 수 있다. 그렇기 때문에 기계가 지능을 갖도록 하는데 소프트웨어의 역할이 매우 중요한 것이다. 여러 분야의 전문가들은 4차 산업혁명 패러다임 변화를 다양하게 이야기 하고 있다. 하지만 4차 산업혁명의 핵심 주체는 소프트웨어가 될 것이다. 소프트웨어는 디지털을 기반으로 이루어지는 무에서 유를 창조할 수 있는 매우 강력한 동인이기 때문이다. 소프트웨어는 인공지능, 사물인터넷, 빅데이터, 센서, 클라우드, 로봇, 3D프린팅, 자율주행자동차 등의 다양한 과학기술 부분과 융합으로 우리 사회를 크게 변화시켜 나갈 것이다. 이런 변화의 혁명은 기존의 1차, 2차, 3차 산업혁명과는 매우 다른 양상으로 전개된다는 것이다. 이에 본 교재를 통해 다양하게 분절된 학문의 경계를 넘어 여러 부분의 학생들이 소프트웨어의 중요성을 일깨우고 컴퓨팅 사고를 통한 문제해결력을 향상시킬 수 있는 창의적이고 재미있는 코딩교육으로 소프트파워를 향상시키는 계기를 마련하고자 한다.

현재 공교육 환경에서는 소프트웨어 교육을 초 · 중등교육의 정규 교과로 편성하여 교육을 시작한지 2018년도부터이다. 이에 따라 소프트웨어 교육의 중요성이 날로 커져가고 있으며, 가까운 미래에 소프트웨어와 컴퓨팅 사고에 익숙하지 않은 사람은 경쟁에서 도태되는 시대가 올 것이라는 우려를 많이 하고 있다. 이미 일부 선도적인 대학에서는 분과 학문의 구분이 없이 소프트웨어 교육을 필수적으로 전교생이 경험하고 있다. 4차 산업혁명을 주도하기 위해 우리나라 젊은 인재들은 소프트웨어 기반의 컴퓨팅 사고와 융합적 사고로 기술적 창조를 이루어 4차 산업혁명의 주체로서 남보다 먼저, 재빨리, 선점해야 할 교육의 당위성을 가져야 한다.

본 교재의 커다란 특징은 시중에 나와 있는 여러 교재와는 다르게 소프트파워를 기르기 위해 통섭교육의 필요성과 컴퓨팅 사고 능력을 갖추기 위한 융합적 사고, 그리고 문제해결을 위한 컴퓨팅 사고의 방법론 중심의 이해를 통해 기초단계부터 다양한 응용 실습 단계로 기술하였다.

교재 구성은 3부 6장으로 구성하였다. 1부에서는 소프트웨어와 컴퓨팅 사고 이해, 2부에서는 기본 예제를 통해 누구나 쉽고 재미있게 접근할 수 있는 창의적인 소프트웨어인 스크래치 프로그래밍 언어 기반의 기본 실습, 3부에서는 실습 예제로 단계별 응용 실습과 흥미와 재미를 가진 종합 실습으로 구성되었다.

1장에서는 현재 소프트웨어 중심사회로 가는 과정에서 소프트웨어를 이해하고 소프트웨어를 중심으로 다양한 기술이나 산업, 그리고 현상들과 융합을 통해 소프트파워를 향상시킬 수 있는 정보를 제공한다.

2장에서는 인간과 컴퓨터는 상호 작용성을 가진 객체로서 컴퓨터는 날로 지능화되고 있다. 이에 따라 인간은 컴퓨팅 사고를 갖는 방법론을 이해하며 창의적인 컴퓨팅 사고를 통해 소프트웨어 교육을 위한 코딩교육을 이해시킨다.

3장에서는 예측하지 못한 상황에서 어떤 문제가 발생할 때 컴퓨터를 기반으로 한 컴퓨팅 사고를 가지고 문제해결을 위한 방법론을 이해시킨다.

4장에서는 부담이 없고 재미있는 접근성이 탁월한 소프트웨어 중의 하나인 스크래치 프로그래밍 언어를 통해 기본적인 블럭 기능을 익혀 소프트웨어의 친근한 접근을 경험한다.

5장에서는 단계별 레벨을 통해 스크래치 프로그래밍 언어의 응용 실습으로 소프트웨어의 자신감을 키운다.

6장에서는 종합적으로 다양하고 재미있는 스토리나 게임을 통해 소프트파워를 향상시키는 기회를 가진다.

컴퓨팅 사고는 인간의 일반적인 사고능력과 컴퓨터의 능력을 융합한 사고로서 단편적인 의미를 벗어나 통섭적인 사고를 통해 문제해결을 위한 창의적이고 논리적인 사고방식을 가져야 한다. 이러한 사고방식은 매우 복잡하고 해결하기 어려운 문제를 컴퓨팅의 알고리즘으로 구현하여 결과를 효율적으로 제시해 줄 수 있기 때문이다. 컴퓨팅 사고를 갖기 위해서는 반복적이고 재미를 가진 스스로의 코딩교육을 통한 소프트웨어 구현 능력을 길러야 한다. 소프트웨어를 구현하는 과정은 정의된 내용에 문제를 설계하기 위한 디자인 사고, 컴퓨팅에서 다루는 논리적이고 수리적인 사고, 인문학적인 소양을 바탕으로 추상화할 수 있는 능력, 타 분야와의 융합을 통해 창의적 사고를 추구하는 경계를 뛰어넘는 통섭교육이 바탕이어야 한다. 따라서 본 교재의 학습 과정을 통해 학문 간의 칸막이를 걷어낼 수 있는 필수 교과목으로서 다양한 소프트웨어를 이해하는데 있어 가장 선수 단계의 학습 과정이 될 것이다. 이에 학습자들은 적극적인 개인의 노력이 절실함을 인식을 하여야 한다.

끝으로 본 교재가 완결되기까지 어떻게 하면 소프트웨어 교육이 창의적이면서 재미있게 구성될 수 있을까?라는 고민 속에 여러 교수님들이 숙고하여 이루었다. 이 책이 출간되는 동안 학문의 영역이 다른 다양한 학생들의 의견 수렴과 경험, 그리고 SW융합교육원의 지원을 받으며 진행되어 왔다. 특히 SW융합교육원의 원장이신 정일용 교수님의 소프트웨어 융합교육의 방향과 창의적인 소프트파워 인재양성 필요성을 강조하시며 조언과 용기를 주심에 감사의 마음을 전한다. 또한 교재가 출간되기까지 공동으로 노력해주신 김호다 교수님, 이지민 교수님, 정영철 교수님, 탁동길 교수님, 최동민 교수님과 서로 감사와 위로를 함께하며 본 교재가 교육의 현장에서 소프트파워와 컴퓨팅 사고 교육 향상을 위한 밀알이 되는 소중한 정보가 되기를 소망한다.

2018년 12월
공동 저자

강의계획표는 대학의 교양교재로 활용될 수 있도록 15주 수업을 기준으로 구성하였다. 하지만 수업의 진행에 따라 각 장의 내용을 취사선택하여 다소 융통성있게 진행할 수 있다. 학생들의 수준이나 관심분야에 따라 또는 각 장에서의 중요도와 시간적 측면에서의 판단에 따라 일부는 생략할 수도 있고, 강의 내용의 폭을 조절하여 선별적으로 진행할 수 있다. 예를 들어, 4장의 스크래치 기본 실습−블록기능 익히기에서 동작, 형태, 소리 항목과 확장기능의 펜 항목을 학습한 뒤 5장의 LEVEL1을 진행할 수 있다.

주	장	내용
1	1장	소프트웨어 중심사회
2	2장	소프트웨어와 컴퓨팅 사고
3	3장	문제해결과 컴퓨팅 사고
4	4장	스크래치 기본 실습 4.1 스크래치 익히기 4.2 블록기능 익히기
5	4장	스크래치 기본 실습 4.2 블록기능 익히기
6	4장	스크래치 기본 실습 4.2 블록기능 익히기
7	4장	스크래치 기본 실습 4.2 블록기능 익히기
8		중간고사
9	5장	스크래치 응용 실습 5.1 LEVEL 1
10	5장	스크래치 응용 실습 5.2 LEVEL 2
11	5장	스크래치 응용 실습 5.2 LEVEL 2 5.3 LEVEL 3
12	5장	스크래치 응용 실습 5.3 LEVEL 3
13	6장	종합실습 문제
14	6장	종합실습 문제
15		기말고사

주	장	내용
1	1장	소프트웨어 중심사회
2	2장	소프트웨어와 컴퓨팅 사고
3	3장	문제해결과 컴퓨팅 사고
4	4장	스크래치 기본 실습 4.1 스크래치 익히기 4.2 블록기능 익히기 –동작, 형태 항목
5	4장	스크래치 기본 실습 4.2 블록기능 익히기 –소리, 펜 항목
6	5장	스크래치 응용 실습 5.1 LEVEL 1
7	4장	스크래치 기본 실습 4.2 블록기능 익히기 –이벤트, 제어 항목
8		**중간고사**
9	4장	스크래치 기본 실습 4.2 블록기능 익히기 –감지, 연산항목
10	5장	스크래치 응용 실습 5.2 LEVEL 2
11	4장	스크래치 기본 실습 4.2 블록기능 익히기 –변수, 나만의 블록항목, 확장기능 추가하기
12	5장	스크래치 응용 실습 5.3 LEVEL 3
13	6장	종합실습 문제
14	6장	종합실습 문제
15		**기말고사**

PART 1 : 소프트웨어와 컴퓨팅 사고 이해

PART 3 : 실습 예제

소프트웨어와 컴퓨팅 사고 이해

PART 1

소프트웨어 중심 사회

1.1   소프트웨어 이해

1.1.1 소프트웨어란?

소프트웨어(Software: SW)는 컴퓨터 하드웨어(Hardware: H/W)에 대응하는 개념으로 컴퓨터 하드웨어가 효율적으로 운용되도록 하는 기능과 이용 기술 등을 갖춘 명령어군(Instructions)을 말한다. 좁은 의미로는 프로그램(Program)이라고 하고, 프로그램을 작성하는 행위를 프로그래밍(Programming)이라 하며, 프로그램을 작성하는 사람을 프로그래머(Programmer)라 한다.

프로그램은 프로그래밍 언어로 작성, 개발되며 여기에는 어셈블리어, 비주얼베이직, C, C++, C#, JAVA, JSP, 파이썬, 스크래치 등 많은 프로그래밍 언어들이 있으며, 프로그램 개발자는 개발하려는 프로그램의 특성에 따라 적절한 언어를 골라 개발도구로 사용하면 된다.

구 분	컴퓨터		인간		자동차	
하드웨어	기계장치		육체		차체	
소프트웨어	프로그램	C++ JAVA	정신		운전기술	

그림 1.1 하드웨어와 소프트웨어의 관계

소프트웨어에서 운영체제(Operating System)의 역할이 매우 중요하다. 운영체제는 사용자가 컴퓨터를 편리하고 효율적으로 사용할 수 있도록 도와주는 프로그램 그룹, 즉 컴퓨터 하드웨어와 소프트웨어를 관리하고 제어하는 관리자를 말한다. 이를 기반으로 한 소프트웨어는 크게 시스템 소프트웨어와 응용 소프트웨어로 분류된다.

시스템 소프트웨어는 컴퓨터를 작동시키고, 효율적으로 사용하기 위한 프로그램으로서, 사용자들이 컴퓨터를 보다 편리하게 이용할 수 있도록 도와준다. 시스템 소프트웨어는 운영체제를 기반으로 동작하는데, 컴퓨터 시직에 필요한 소프트웨어로 초기동작(Booting)의 제어 역할을 하는 펌웨어, 프로그램이 실행될 수 있도록 컴퓨터의 자원을 관리하는 윈도우(Windows) 시리즈, 유닉스(Unix), 리눅스(Linux), 맥(Mac) 등의 운영체제가 있다.

응용 소프트웨어는 컴퓨터를 사용하여 특정한 운영체제의 환경 하에서 특정한 작업을 수행하기 위한 소프트웨어이다. 우리가 자주 사용하는 워드프로세서, 스프레드시트, 데이터베이스, 프레젠테이션, 게임, 홈페이지 만들기 등과 같은 프로그램이 응용 소프트웨어에 속한다. 또한 응용 소프트웨어를 좀 더 편리하게 사용할 수 있도록 도와주는 소프트웨어로 압축프로그램, 바이러스 백신프로그램, 디스크 관리프로그램 등의 언어 처리 프로그램인 유틸리티가 있다.

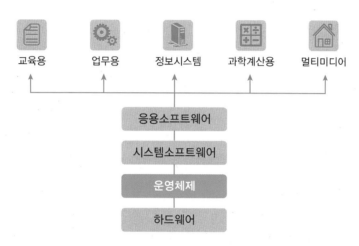

그림 1.2 시스템 소프트웨어와 응용소프트웨어 관계

1.1.2 소프트웨어 중심사회로 변화

20세기 후반부터 시작하여 21세기에 들어와서 정보통신기술은 현대사회의 다양한 패러다임을 급속히 변화시키면서 인간의 생활양식 변화에도 커다란 영향을 미치고 있다. 이는 정보화 사회의 도래 현상으로 많은 특성을 나타내고 있다. 정보화는 일반적으로 산업사회에서 정보사회로 이행되는 과정으로 이해하면서 기술적 차원의 자동화, 전자 공간화, 네트워크화가 전개되는 과정에서 인간의 자유와 창의력, 자아실현의 의미를 함축하고 있다.

오늘날 정보화 사회의 밑바탕이 되는 것은 디지털 세계이다. 정보화 사회에서는 아날로그가 디지털로 변화되면서 새로운 가상공간이 창조되고, 기본적인 구성단위가 물질에서 비트로 변이되고 있다. 디지털로 구성된 공간은 현실 세계에서 경험할 수 없고, 컴퓨터 시스템을 통해서 인식할 수 있는 현실, 그리고 또 다른 세계를 경험하게 해준다. 이처럼 디지털화는 새로운 공간 창조를 의미하고, 사이버공간이라는 의미가 생겨나고 있다. 이러한 사회변화의 동인으로 중심 역할을 하는 것이 컴퓨터 시스템의 소프트웨어 역할이라는 것을 주목해야 한다.

관련 전문가들은 4차 산업혁명 패러다임 변화를 인공지능, 빅데이터, 사물인터넷, 센서 등 소프트웨어 기반의 초지능 혁명이 일어날 것이라고 한다. 이러한 변화의 중심에는 소프트웨어가 매우 중요한 핵심 요소이다. 소프트웨어는 다양하고 광범위하게 이용되고 새로운 창조의 선봉장이 될 것이 명확하다 할 수 있다. 그러면 소프트웨어는 현재와 미래에 어떤 역할을 할 지 궁금하지 않은가?

첫째, 전 산업부분에 있어 부가가치 향상에 소프트웨어는 중요한 역할을 담당한다. 소프트웨어는 패키지 소프트웨어와 정보통신기술 서비스를 통한 지식 창출의 도구로 활용될 수 있으며, 매우 다양한 산업부분을 발전시킨다. 스포츠, 오락, 국방, 교육, 건축, 예술, 의학 등 다양한 분야에는 소프트웨어가 필수적인 도구가 된다. 최근 아바타 영화 성공의 이면에는 컴퓨터 그래픽 소프트웨어로 제작한 융합의 상징물이 있지 않은가?

둘째, 소프트웨어는 스마트화를 통하여 대부분의 제품을 혁신하고 창조한다. 각종 시스템에 내장된 소프트웨어는 제품의 기능 향상 및 혁신 기능들을 장착하게 만든다. 예를 들어 구글과 현대자동차 등에서 개발 중인 무인자동차는 현재 실용화 단계로 시험 주행 중에 있다. 스마트 자동차는 소프트웨어 기반의 융합으로 지능적인 제품의 기능을 갖게 된다.

셋째, 소프트웨어는 새로운 콘텐츠의 생산과 유통에 크게 기여한다. 음악, 미술, 게임 등 소프트웨어를 통한 미디어콘텐츠를 생산하고 인간을 대신한 자동화된 시스템으로 세상에 유통시키기도 한다.

넷째, 소프트웨어는 가상공간을 통하여 인간의 의사소통 방식을 혁신한다. 인터넷이나 스마트폰을 통하여 글로벌한 네트워크 공간에서 정보를 쉽고 편리하게 교류한다. 현대인은 여러 종류의 페이스북, 트위터, 카카오톡 등 SNS(Social Network Service)를 이용해 우리의 생활방식을 변화시키고 있으며, 이런 도구를 활용하여 다양한 소통 문화를 형성하고 있다.

다섯째, 소프트웨어는 다른 기기와 기기, 인간과 기기를 연결하고 융합하여 생활의 편리함과 조직의 생산성 향상에 크게 기여하고 있다. 우리의 일상에서 버스정보시스템(BIS)은 편리한 교통문화를 향상시키고 있으며, 현대사회의 지리적 복잡성을 소프트웨어와 GPS의 융합으로 내비게이션이라는 스마트한 정보 제공자를 통해 우리에게 편리성을 주고 있지 않는가?

1.2 소프트웨어 융합

1.2.1 융합이란?

융합(Convergence)은 근래에 많은 관심과 함께 현실적으로 산업현장과 기술부분에서 소리 없이 활용되고 있다. 하지만 통섭[1]과 함께 2000년대부터 최근에 이르기까지 학문적으로 확실한 개념의 표준화를 위해 논의의 대상으로 주로 이야기되고 있다.

융합의 영어 사전적 표현은 퓨전(Fusion), 하모니(Harmony)로 "둘 이상의 사물을 서로 섞어나 조화시켜 하나로 합 한다."는 말이다. 유사한 의미로 수렴을 융합으로서의 표현으로 "여럿으로 흩어져 있는 의견이나 사상 따위를 모아 하나로 정리하거나 받아들인다."는 말이다. 융합의 국어 사전적 의미는 "상이한 아이디어들, 그룹들, 사회들이 서로의 차이점을 서서히 줄여가며 서로가 유사하게 바뀌는 과정"이라고 한다. 그리고 융합의 의미를 사업적으로도 "유사기능을 활용해 타 분야를 추가하는 것"을 의미한다. 또한 융합의 기술적 의미로는 "디지털 기술에 의한 융·복합화 현상"이라 말할 수 있다. 이처럼 융합이란 단어는 수용하는 주체에 따라 상당한 편차가 있고, 다른 의미로 다양하게 수용하는 경우가 있다. 따라서 융합을 보다 더 포괄적이고 사용 목적에 따라 그 의미에 접근하고 이해하여야 할 것이다.

우리나라에서 융합의 개념은 고정되어 있다기보다는 사용 용도나 맥락에 따라서 포괄적으로 그 의미가 가변적이라 할 수 있다. 특히 정보통신기술 생태계 탄생과 디지털 기반 현상의 개념으로서 융합을 흔히 통합, 동질화, 무경계 등으로 번역하고 있는데, 이러한 융합의 개념을 일반적으로 화학적 결합 현상으로 서로 다른 성질의 물질을 결합할 때 새로운 결과의 성질을 가지는 것처럼 "성질이 다른 여럿이 녹아서 하나로 합쳐지는 메타적 수준의 현상이다."의 의미로 받아들이고 있는 듯하다.

---

[1] 통섭의 일반적인 개념은 여러 분과학문이 단순한 결합이 아닌 의미가 있는 교차를 통해 새로운 가치 창출을 기대하는 여러 학제(學際) 간(Interdisciplinary)의 만남이다. 다양한 소통을 위하여 의미 있는 특정한 목적을 이루기 위한 서로의 교차로 새로운 가치를 발견하고 결과를 창출하기 위한 학제 간, 개체 간, 사람 간의 만남이다.(4차 산업혁명은 통섭과 융합이 주도한다. 정영철, 2018.4.3, 휴먼싸이언스)

융합과 더불어 혼재하면서 사용하고 있는 복합(Composition)이라는 용어가 일반적으로 쓰이고 있다. 또한 통합(Integration)의 의미를 융합과 구분하지 못하고 사용하고 있는데, '통합'은 성질적으로 다른 개체가 단순한 결합이 이루어져 합쳐지는 것으로 '복합'과 같은 의미를 지닌다.

우리는 융합이나 복합을 일반적으로 가장 많이 사용하고 있고, 혼재된 개념으로 융복합이라 하면서 널리 사용하고 있다. 하지만 분명한 구분을 통해 각각의 본질을 이해하고 사용해야 한다. 그 밖에도 융합의 의미로 혼돈하고 있는 개념으로 통섭(Consilience), 학제성(學際性), SNS(Social Network Service), 매시업(Mash-up) 등의 용어가 다양하게 존재하고 있다.

표 1-1 통합·융합·매시업의 구분

	복합(Composition)	융합(Convergence)	매시업(Mash-up)
형태	원래의 모습을 유지함	기능을 결합한 새로운 모습 탄생	새로운 기능의 탄생
장점	편의성 보유함	시너지 효과를 나타냄	새로운 패러다임 창조
대상	동종기능을 보유한 개체간 결합	서로 다른 기능을 보유한 수직적·수평적 개체간 또는 산업간 경계가 없어짐	다양한 분야의 구분과 제한이 없음
적용	제품에서 이루어짐	현상, 사상, 문화, 기술, 라이프스타일 등	분야에 구분이 없음
시기	산업사회	정보화사회 및 미래사회	유비쿼터스 사회

융합은 인문학, 자연과학, 정치, 경제, 사회, 문화, 산업, 예술 등의 다양한 측면으로 다발적 개념을 가지고 있다. 이런 바깥 모양새 현상(現象)의 융합은 결국 특정한 목적의 가치를 찾기 위해 창의성의 극대화를 꾀하고자 하는 현상(現狀)과 결과를 새로운 측면으로 조명하고자 하는 인간들의 상황에 따른 의미의 표현이라 할 수 있다. 따라서 융합의 정의가 현재와 미래에 예측하기 어렵고, 역동적인 사회 속에서 향후 어떤 개념으로 변화하고 창발할지 주목할 필요가 있다.

1.2.2 융합의 확산

융합은 학문, 기술, 문화, 종교, 음식 등 다양한 분야에 우리가 인식하지 못한 현상에서 수직적·수평적으로 활발히 이루어지고 있다. 융합이 화학적 결합으로만 이루어지는 피조물이 아니라 의도된 다양한 창조물을 만들어 낼 수 있다.

근래에 우리사회에서는 융합이 단순한 추세를 넘어 사회발전의 방향을 결정 짓는 핵심적인 개념으로 이슈화되고 있다. 특히 디지털 미디어 기술을 중심으로 한 융합기술과 함께 정치, 경제, 사회, 문화, 의료, 체육 등 폭넓게 변화하고 있는 새로운 융합문명이 출현하고 있다. 융합문명 사회는 단편적인 것이 아니기 때문에 융합의 현상을 관찰하고 분석하기 위해서는 다차원적이고 다층적인 접근이 요구된다.

융합 정보화 사회의 시작으로 우리사회는 다양하게 변화하고 있다. 기업들은 글로벌 경쟁에서 생존하기 위해 앞 다퉈 미디어 영역의 디지털 기기 융합매체를 연구·개발하여 시장에 출시하고 있다. 그리고 개인들은 이런 문명의 이기를 이용하여 전자공간이라는 새로운 활동공간을 만들어 또 다른 영역에서 개인의 영역을 형성하여 생활하기도 한다. 이와 같은 일련의 혼돈 속에서 우리는 이들 문화를 경험하면서 사회영역의 구성체로 새로운 문화와 제도에 동화되고 있다.

그림 1.3 융합의 다차원·다층적 확산 구도

현대사회는 융합의 다양성 추세에 따라 디지털부분에서 특히 날로 가속화되고 있다. 융합을 정보처리시스템의 과정으로 이해할 경우, 컴퓨터시스템은 정보를 다루는데 있어 시스템적으로 아직 가공되지 않는 유무형의 사실, 즉 수많은 데이터를 입력하여 처리과정에서 자료들이 특정한 목적에 따라 혼재하면서(제어·연산·저장) 융합하여 출력해 정보를 만들어내는 메타적인 현상이라고 이해할 수 있다.

현재 우리사회는 다양성을 추구하는 인간의 욕구, 개인의 필요성에 의한 다양화와 사회 전반적인 추세와 맥을 같이 하며 융합을 잘 반영하고 있다. 예를 들어 모바일에 부가적인 기능 추가의 MP3와 디지털 카메라가 융합화 되었고, 내비게이션, 복합기 등의 다양한 기능과 정보가 결합되는 스마트한 기기인 이동통신 부분의 전자제품에서 가장 빠르게 진전되고 있다.

융합은 단순한 기기와 기능간의 통합에서 시작하여 인간·사물·공간의 디지털 융합으로 심화 확대되고 있다. 이런 현상은 인간과 정보통신기술이 인간뇌(생리학적)와 컴퓨터 인터페이스가 결합한 미래의 디지털 융합으로서, 이는 사이보그 기술이 발전하면서 인간의 팔·다리를 대신해주는 로봇 팔·다리나 몸속에 칩을 이식하여 심리적, 임상적 정보를 외부시스템과 교류할 수 있게 하여 스트레스를 받거나 술에 취했을 때, 졸릴 때를 외부 기기로 파악할 수 있게 하는 기술이 나타나기도 한다. 그리고 사물과 정보통신기술은 자율적 지능서비스로 도시지역의 자연현상을 지능적 센서를 활용하여 겨울에 도로결빙 현상과 교량의 안전을 스스로 감시 진단하는 시스템으로 사물과 사물간의 커뮤니케이션이 가능해지는 시대도 이미 도래하였다고 할 수 있다.

공간과 정보통신기술은 전자와 물리공간의 u-City와 제3공간을 탄생하여 유비쿼터스[2] 환경을 제공해 주고, 개체간의 융합이 심화 확대되면서 미래의 디지털 융합의 핵심 분야가 될 수 있다. 이와 같은 융합추세의 구도에 따라 우리는 현재와 미래의 융합 환경에 대비한 사회적 정책 준비가 필요하기도 한다.

정보통신기술 발전의 진화에 따라 디지털 미디어를 기반으로 다양한 기능과 정보의 결합이 빠르게 진전되고 있다. 이로 인해 서로 다른 장르 간 통섭의 성과로 새로운 융합 콘텐츠가 창출되기도 한다. 예를 들어 정보가 구술(口述, Oral Statement)에 의해 전달되는 구술문화 시대에는 구비문학으로 단순한 존속이 이루어졌다. 15세기 중엽에 인쇄라는 과학·기술이 나타나면서 소설이라는 활자본 흔적으로 인간에게 지식정보를 전달

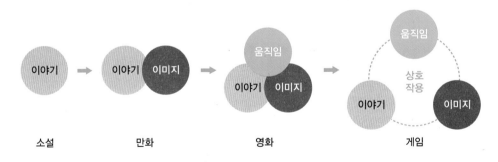

그림 1.4 장르의 융합화에 의한 새로운 콘텐츠 생성 구도

---

2   5Any화를 지향하는 생활공간으로써 5Any(Anytime, Anywhere, Anynetwork, Anydevice, Anyservice)는 언제, 어디서나 사용자가 편리한 방식으로 인간, 사물, 정보간의 네트워크를 통하여 원하는 작업이나 업무를 처리할 수 있는 최적의 컴퓨팅 환경을 의미한다.

하였다. 장르로서 이야기, 즉 '소설'은 과거·현재·미래가 선형적으로 전개됨으로써 우리에게 정보를 전달하는 재미를 제공한다.

19세기 말 '이야기(Story)'에 새로운 '이미지(Image)'를 융합화 함으로써 원리 면에서 한 걸음 진보한 '만화'라는 매체로 발전하게 된다. 이것은 기존의 이야기보다 이미지가 가미됨으로 더욱 흥미를 주는 매체로 진화된 것이다.

1895년에는 연속 촬영으로 기록한 필름 위에 이미지를 스크린에 투영하여 '움직임(Movement)'이 있는 동영상을 보여 주는 '영화'가 등장하면서 융합의 결정적인 도약을 이룩한다. 그러나 이런 영화조차도 새로운 장르를 향한 우리의 욕망을 만족시키기에는 한계를 가진 장르였다. 한걸음 더 나아가 이런 3가지 요소인 이야기, 이미지, 움직임의 상호 작용성(Interation)에 의한 결정체로 '게임'이라는 또 다른 새로운 융합콘텐츠를 창출하게 된 것이다.

이제 4차 산업혁명으로 기대되는 미래의 인공지능 시대는 다양한 분야에서 융합의 현상 발현으로 인간의 끊임없는 새롭고 창조적인 발상에 의해 예측 불가능한 성과물들이 새로운 가치로의 융합모델을 탄생시킬 수 있을 것이다.

1.2.3 소프트웨어 중심의 융합

4차 산업혁명 시대가 본격적으로 열리고 있다. 4차 산업혁명의 핵심 주체는 소프트웨어가 될 것이 분명하다. 소프트웨어는 디지털을 기반으로 이루어지는 무에서 유를 창조할 수 있는 매우 강력한 동인이기 때문이다. 인공지능, 사물인터넷(IoT), 빅데이터, 센서, 클라우드, 로봇, 3D프린팅, 자율주행자동차 등의 다양한 과학기술 부분과 융합으로 산업과 사회의 경계가 허물어지게 된다. 따라서 소프트웨어를 기반으로 한 융합의 다양한 산물이 우리사회를 크게 변화시켜 나갈 것이다. 이런 변화의 혁명은 기존의 1차, 2차, 3차 산업혁명과는 매우 다른 양상으로 전개될 것이다. 이는 보다 더 빠르고, 더 다양하고, 더 많은 분야에서 사회 시스템 전체를 변화 시키며 우리사회를 탈바꿈하게 될 것이라는 현상은 거부할 수 없는 변화의 흐름이자 진화인 것이다.

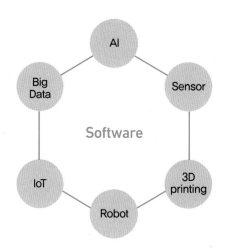

그림 1.5 소프트웨어 중심 융합 구도

소프트웨어는 인간의 창조적 지식과 기술을 컴퓨터시스템을 통해서 구현하여 우리 삶의 질과 기업의 경쟁력을 향상시키는 핵심기술로서 기기-서비스-사람을 연결하는 산업의 성장엔진이다. 인간의 상상력과 창의력 실현의 도구인 소프트웨어는 산업 전반의 지능화, 융합화를 이끌어 모든 산업에서 새로운 고부가가치 창출의 핵심 역할을 수행할 것으로 예상되고 있다.

기술은 어떤 특정한 목적을 위한 행위의 결과로 인간에게 편리함과 새로운 문명을 탄생시킨다. 그러면 소프트웨어 융합은 간략히 함축적으로 이야기하면 다양한 관점 가운데 공통분모를 추출해 볼 때 산업의 측면에서 "소프트웨어 기술을 활용해 전통산업과 소프트웨어 기업이 결합해 새로운 제품이나 서비스를 개발하며 이를 신규 비즈니스 모델로 연결하는 것"이라고 요약할 수 있다.

최근 산업현장에서는 모바일, 스마트가전 등 전통 정보통신기술 산업 및 에너지, 바이오 등 신산업과 소프트웨어가 융합하여 새로운 비즈니스 모델이 개발되고 있으며, 소프트웨어 중심의 융합은 다가올 4차 산업혁명을 이끌 여러 요인인 인공지능, 빅데이터, 사물인터넷, 센서 등 발전의 중심에서 미래 우리사회와 산업의 패러다임 전환이 일어날 매우 중요한 요인이다.

4차 산업혁명은 정보통신기술 산업혁신을 기반으로 전 세계적으로 산업, 경제, 사회의 생태계에 근본 변화를 가져올 것으로 예상됨에 따라 우리는 주력산업 기반의 정보통신기술 융합 서비스 창출을 위해 노력해야 한다.

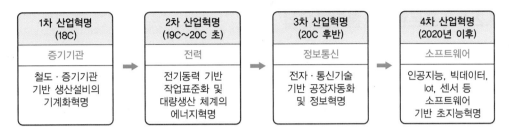

그림 1.6 산업 패러다임의 변화

산업 간의 융합은 최근 갑자기 생겨난 개념이 아니라 1980년대부터 줄곧 있어 왔다. 다양한 산업 간의 융합 중에서도 소프트웨어 융합이 부상한 이유는 각 산업의 기술적 발전에서 소프트웨어 산업의 역할이 그만큼 높아졌기 때문이다.

산업계 내에서도 소프트웨어 융합을 둘러싸고 전통기업과 소프트웨어 기업은 서로 다른 접근을 보일 수밖에 없다. 하지만 날로 소프트파워의 중요성이 가시화됨에 따라 소프트웨어 중심 역할이 강조되는 방향으로 나아갈 것임이 분명한 사실이다. 소프트웨어 중심의 융합을 통해 새로 형성된 시장이 기존 시장을 대체하는 것인지, 전에 없었던 새로운 시장을 만들어 내는 것인지에 대해서도 전통산업과 소프트웨어 기업 간에는 인식의 차이가 있을 수 있다. 결국 기존산업 입장에서 보면, 소프트웨어 융합은 새로운 시장이 아니라 기존시장을 대체하는 수준이며, 소프트웨어 기업 입장에서 보면 이는 분명 새로운 기회를 제공할 신시장이기 때문이다. 소프트웨어 융합이 기존시장을 대체하는 관점이든, 새로운 시장을 창출하는 관점이든, 소프트웨어 기업들에게 기회요인이 되는 것은 마찬가지다. 따라서 우리는 소프트웨어 기업들로서는 소프트웨어 융합을 통해 창출되는 새로운 시장의 유형이 다양하게 나타날 수 있다는 점에 주목해야 할 것이다.

미국, 독일, 일본 등의 주요 국가들은 4차 산업혁명에 선제적으로 대응하기 위한 전략을 수립해 추진하고 있다. 미국은 인터넷을 활용하는 클라우드 서비스 중심, 독일은 물류·생산설비에 사물인터넷, 센서 등을 접목한 완전한 자동화 생산체계, 일본은 로봇 기술을 중점으로 두고 나아가 다양한 분야에서 로봇을 이용해 데이터를 축적하여 인공지능 기술까지 강화한다는 전략으로 나아가고 있다. 이들 국가는 소프트웨어 강국들이다. 우리나라는 소프트웨어 기술이 선진 각국에 비해 취약한 현실이다. 상대적으로 우리가 극복해야할 목표는 소프트웨어를 강화하고 이를 중심으로 다양한 융합을 실천하는 길이 글로벌 경쟁에서 살아남을 수 있는 대안이라는 점을 인식하여야 한다.

1.2.4 소프트웨어와 분야별 융합

소프트웨어는 이전부터 우리에게 다양한 혜택을 주어 왔다. 자동화로 시간을 절약하게 해주는 한편, 물리적으로도 힘을 덜 쓰게 하면서 에너지를 절약하게 해준다. 사람이 소모하는 힘이든, 혹은 자연이 소모하는 힘이든 그것을 비축하고 절약하면서 우리는 쾌적한 삶을 살게 되었다. 융합은 다양성을 갖는 특징으로 산업, 예술, 문화, 교육 등 현재와 미래의 가치 창조를 위해 서로의 교차를 통해 새로운 메타적 현상을 나타낼 수 있는 동인으로 이해할 수 있다. 그러면 소프트웨어와 다양한 분야의 요인이 만나 융합을 통해 미래의 인간 삶의 새로운 가치를 발견할 수 있는 예를 살펴보자.

1 소프트웨어와 예술의 융합

먼저 소프트웨어와 예술의 융합으로 우리는 더욱더 쾌적한 예술세계를 만날 수 있다. 그중에 하나가 바로 소프트웨어와 가상현실(VR)의 융합예술이다. 서울시청 지하에 있는 시민참여 예술 공간인 시민청에서 예술프로젝트 '남해 바다'를 주제로 한 영상과 소리전이 개최되었다. 슬라이드에서는 흑백으로 된 남해바다를 보여주고 소리는 남해바다의 물결소리를 담아와 들려주었다. 마치 남해바다에 와있는 듯한 체험을 하게 된다. 우리는 사실 예술을 통해 직접 경험하지 않고도 다양한 과학·기술의 혜택을 받아 예술속의 세계를 체험할 수 있다. 카메라로 촬영한 영상과 남해바다의 소리는 영상 편집

그림 1.7 남해바다의 물결소리

소프트웨어와 음향 편집 소프트웨어를 통해 가공되어 우리 앞에 예술작품으로 등장하게 된다. 소프트웨어의 도움 속에서 우리는 가보고 싶지만 여건상 가지 못하는 여행지도 간접체험을 할 수 있다. 또한 일러스트 소프트웨어 등을 통해 만들어진 다양한 이미지를 통해 내가 상상하고 바라는 세상을 가상현실로 느끼게 된다.

서울시민청에 전시된 남해바다의 물결소리는 소프트웨어의 기술을 도입하여 소리와 시각으로 우리는 예술적 접근의 작품을 보면서 과학의 기술과 예술의 융합의 아름다운 접근성이 새로운 창조의 문화적인 혜택이라는 생각을 하게 된다.

이제는 문화의 영역에서도 소프트웨어는 적극적으로 활용되고 있다. 초기의 미디어아트는 영상 등을 이용한 것이 주류였다. 하지만 미디어아트를 완벽하게 구현하는 데에는 한계가 있었다. 동시간대에 음향, 영상이 각각 작동해야 하는데 정보통신기술의 발전도가 떨어지던 시기에는 이 짜임새를 완벽히 맞춰내는 것이 어려웠다. 하지만 소프트웨어의 발전은 이런 한계를 극복하게 해주었다. 아무도 없을 때는 작동하지 않다가, 예술작품을 감상하러 사람이 들어오면 작동이 진행되어 관람자에게 처음부터 미디어아트를 감상하도록 해준다. 사람들의 모션에 따라 움직임을 맞추어 가면서 인터랙티브한 이미지와 영상을 보여주는 미디어아트들도 찾아볼 수 있다. 미디어아트에서 소프트웨어는 그 폭을 넓혀주는 새로운 가능성이 되어가고 있다.

소프트웨어와 결합된 미디어아트가 먼 곳에 있지 않음을 느낄 수 있다. 소프트웨어가 없었다면 우리는 표현하고 예술로 승화시키고 싶었던 것들을 구현하지 못했을 수도 있었다. 소프트웨어의 기술과 발전으로 우리는 우리가 표현하고 느끼고 생각하는 것을 함께 공유하고 나눌 수 있게 된다. 이것이 과학의 발전이자 융합의 매력이다.

2 소프트웨어와 건축의 융합

서울의 광화문 광장에서 사방을 둘러보면 예전에 볼 수 없었던 건물들이 보인다. 성냥갑 같은 건물 대신에 개성을 가진 건물이 예전과 다르게 보임을 확인할 수 있다. 이는 소프트웨어를 이용한 건축설계로 인해 아름다움과 인텔리전트 함을 느낄 수 있다.

건축설계는 집을 짓기 위해 필요한 정보를 종이 위에 도면의 형태로 표현하는 작업이다. 과거에는 설계사들이 트레이싱지(Tracing Paper)라는 반투명의 종이 위에 손으로 자와 펜을 사용하여 도면을 그려 넣었지만, 1990년대 들어와 컴퓨터를 사용하는 CAD(Computer Aided Design)가 도입되어 아파트와 같이 동일한 내용이 반복되는 도면 위주로 사람의 손에서 컴퓨터 마우스로 옮겨가게 되었다. 이후 3차원 모델링이 가능한 소프트웨어들이 등장하여 3차원 물체에 색상과 명암을 부여하여 연출하는 랜더링(Rendering) 기법도 있고, 사진을 합성하는 기능 등 건축에서 사람의 손으로 하던 작업들이 하나 둘 소프트웨어에 의하여 훨씬 쉽고, 빠르고, 그리고 다양하게 만들어지게 되었다.

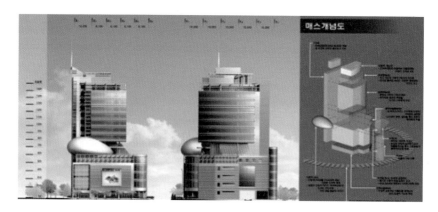

그림 1.8 CAD 설계의 건축구도

건축설계 부분에 있어서 컴퓨터기술과 소프트웨어의 발전에 따라 BIM(Building Information Modeling)이 등장하게 되었다. BIM을 활용하면 일조분석과 물량산출 등 과거에는 별도의 전문가 작업이 필요했던 부분을 자동으로 원하는 결과를 만들어 준다. 이처럼 건축설계에서도 소프트웨어의 활용은 필수적인 부분이 되었으며, 응용능력에 따라 효율적이고 경제적인 작업이 가능하게 되었다.

3 소프트웨어와 의학의 융합

의학 분야에서 소프트웨어 활용이 크게 증가하고 있다. 예전에는 아파서 병원을 찾으면 질병 치료를 위해 먼저 의사의 경험적 진단 치료가 일반적이었지만 지금은 의사가 기기에 의한 검사를 먼저 하는 경향이 있다. 즉 영리한 스마트한 소프트웨어가 내장된 컴퓨터시스템으로 검사를 통해 정확한 원인을 발견하여 치료의 진단을 내리는 중요한 도구가 되고 있음을 쉽게 알 수 있다.

현대 의학이 소프트웨어와의 융합으로 인해 더욱 전문화, 세분화 되고 있다. 4차 산업혁명의 시대를 앞두고 시중의 대형 병원 등 여러 기관은 3D프린터, 사물인터넷(IoT) 기술을 집목한 의료와 소프트웨이 분야의 학문 융합, 3D프린트 등에 관한 연구에 힘을 쏟고 있다. 그리고 의학 교육의 가상현실(VR) 접목으로 인해 시신을 해부하거나 동물을 실험적으로 사용하지 않아도 인체의 해부학적 구조를 3차원으로 익힐 수 있다. 해부

학뿐만 아니라 수술 방에서 행해지는 수술 교육도 3차원으로 관찰하고 손으로 직접 익힐 수 있어 집도의가 되었을 때 경험하는 시행착오를 줄일 수 있게 되었다.

그림 1.9 의료 디지털 시스템

IBM은 'IBM 왓슨 에코시스템'을 구축하고 중소기업 파트너십과 다방면의 빅데이터를 확보하고 있다. 근래의 암 환자들이 의사보다 인공지능의 처방을 더 따르는 현상이 나타나고 있다. 한 주부는 2016년 말 왼쪽 유방에 멍울이 잡혀 대형 병원을 찾았다. 진단 결과 유방암으로 판정됐다. 암 덩어리 크기는 4.2㎝ 였는데 여성암센터 외과 교수는 환자의 왼쪽 유방과 암을 모두 잘라내는 수술을 시행한 다음 재발방지 치료를 위해 환자 정보를 IBM 인공지능 왓슨에 입력했다. 왓슨과 의료진의 처방이 서로 다르게 나왔다. 전체 교수팀은 환자가 겨드랑이 림프절로 전이가 없었고, 암 크기도 5㎝ 이하여서 학계 관례대로 '전반적인 재발 방지를 위한 항암제 투여가 필요하다'고 봤다. 반면 왓슨은 겨드랑이 림프절에 눈에 안 보이는 암세포가 있을 가능성이 있다고 보고 '림프절에 방사선 치료를 하라'는 처방을 냈다. 의사는 항암제, 왓슨은 방사선 카드를 내민 것이다. 이 같은 상황을 설명하자 환자는 고심 끝에 왓슨의 처방을 선택했다. 이 같은 현상은 소프트파워의 결실에 의한 현실을 반영하고 있음을 보여주고 있다.

4 소프트웨어와 생물학의 융합

스페인 바르셀로나 과학 · 기술연구원 게놈통제센터의 로리 존슨(R. Johnson) 교수가 스위스 베른대와 공동으로 유전자 가위를 활용한 실험을 쉽게 설계할 수 있는 유전자 가위 실험설계 소프트웨어 '크리스페타(CRISPETa)'를 발표했다. 이 소프트웨어가 개발되었다는 얘기는 크리스퍼 유전자 가위를 활용한 교정기술의 진입장벽이 낮아졌다는 의미다. 소프트웨어를 이용해 제거하고 싶은 유전자가 무엇인지를 입력하면 최적의 유도 RNA를 이용해 표적 유전자를 찾아주는 방식으로, 크리스퍼 유전자 가위를 잘 모르는 연구자도 쉽게 실험에 참여하게 도와준다. 이처럼 세상은 바뀌고 있고, 소프트웨어의 중요성도 커지고 있다. ICT 기업들이 앞 다퉈 생명공학과 유전자공학에 투자하고, ICT와 BT의 융합이 가속화되는 것도 변화의 일환이다.

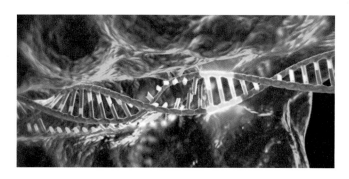

그림 1.10 유전자 가위 나노와 크리스퍼

마이크로소프트사는 영국의 컨설팅 전문 업체인 미래연구소와 함께 발표한 2025년 전후로 주목받을 직업 10가지를 발표했다. 그중 하나가 '프리랜서 바이오해커(Freelancer Biohacker)'였다. 우리에게는 다소 생소해 보이지만, 이 직업은 유전자 가위 기술인 크리스퍼와 긴밀한 관계가 있다. 크리스퍼 덕분에 전 세계 수천 명의 과학자가 우울증, 자폐증, 알츠하이머 등의 치료법을 찾기 위해 온라인으로 협업하는 세상이 펼쳐질 것이며, 프리랜서 바이오해커는 유전자 관련된 소프트웨어 플랫폼을 활용하는 전문 직업인으로 활약할 것이기 때문이다.

이와 같이 새로운 진화의 현상 앞에서 생명공학과 유전자공학과 관련한 소프트웨어 인재 발굴도 어느 때보다 중요해졌다. 단순히 소프트웨어 언어를 알려주는 코딩 교육에서 벗어나 융합형의 소프트웨어 인재양성이 시급하다. 다행히도 최근 소프트웨어 중심 사회 포털을 통해 초·중·고 학생들을 위한 소프트웨어 모듈형 교재가 공개되었다. 그중 하나로 유전자 가위인 '크리스퍼' 부문이 포함된 것이다. 컴퓨팅 사고력과 연계해 유전자 및 크리스퍼에 대해 이해하고, 소프트웨어적으로 접근하도록 도와주려는 시도는 바람직한 현상이다. 다가오는 미래 사회에 어떤 직업을 갖고 어떻게 살아갈지 생각하게 해주는 것에 있어서 먼저 경험한 사람들의 지도가 필요한 만큼, 앞으로 문화예술, 공학, 의학, 생물학은 물론 다양한 분야에서 요구되는 소프트웨어의 저력을 일깨워주는 시도가 지속 되어야할 것이다.

소프트웨어와
컴퓨팅 사고

2.1 인간과 컴퓨터

미래학자 앨빈 토플러(Alvin Toffler, 1928~2016)는 "미래사회가 정보에 의해서 좌우된다고 할 때 가장 앞서갈 국가는 최고의 컴퓨터와 소프트웨어, 통신 수단을 보유한 국가가 될 것이다."라고 했다. 이것은 그의 저서 『제3의 물결』에서 21세기 정보화시대를 전망하면서 한 말이다. 정보화 사회에서는 정보와 지식이 권력과 부의 핵심이고 보편적 가치가 된다는 이야기다. 토플러 말대로 인류는 정보 없이는 한 발짝도 나아가지 못하게 되고, 자의적이든 타의적이든 간에 축적된 지식을 잘 활용하지 못하면 정보의 가치는 상실될 수밖에 없다는 것이다. 그러면 정보를 더욱 가치 있게 활용하려면 어떻게 해야 할 것인가?

산업혁명이 시작된 이후 인류의 삶에 큰 변화를 몰고 온 정보혁명의 밑바탕은 디지털 환경이다. 이를 바탕으로 정보기술은 눈부신 발전을 가져왔고, 융합의 현상과 더불어 컴퓨터 출현 60여 년 만에 우리 사회를 급속하게 변화시켰다.

우리는 아침을 스마트폰을 통해 알려주면서 컴퓨터를 이용하여 하루의 계획을 세우고, 공부하고, 운동하며, 일상 업무를 처리한다. 인간은 이미 컴퓨터 없이 생활한다는 것은 과거의 원시시대를 살아가는 느낌으로 답답하고 이미 컴퓨터 문명의 이기에 잡혀있다고 할 수 있다. 그러면 우리는 컴퓨터와 공존하며 살아가는 방법을 알아야 한다. 컴퓨터는 영리하게 계산하고 논리적 추론과 스마트한 지능을 가진 도구로 진화하고 있다. 인간은 컴퓨터만큼 빠르고 많은 양을 동시에 처리하기에는 한계를 갖는다. 하지만 인간은 창의적 문제해결을 할 수 있다. 인간은 문제해결 방법을 구상하고 적절한 알고리즘을 만들면 컴퓨터가 영리하게 자동화되어 문제를 해결해준다. 또한 우리가 어떤 일을 실행하는 데 있어 위험하고 싫증 난 일을 컴퓨터가 대신해주고 인간의 불편한 일을 지능적으로 친구나 가족, 직장 동료가 되어 일을 수행한다. 이처럼 인간과 컴퓨터가 훌륭한 파트너가 되어 복잡하고 어려운 문제를 해결하는 혁신의 세상을 살아가고 있다.

2.1.1 컴퓨터의 지능화

기계가 사고할 수 있는가? 사고한다는 것이 무엇인가? 지능이 무엇인가? 인간과 기계의 사고가 같을 수 있는가? 등의 물음에 대한 다른 방식의 대답이 있다. 튜링 머신(Turing Machine)의 예처럼 컴퓨터는 수학적 이론에 기초하여 제시된 이상적 기계이고, 이런 이론의 구현이 디지털 컴퓨터이다. 컴퓨터 과학자들은 기계가 튜링 테스트를 통과 하였다는 것은 기계가 인간과 같이 사고를 하는 것으로 간주하는 입장이다.

인지과학에서 인간의 마음과 두뇌 그리고 컴퓨터의 유기체적인 통섭에 의한 산물로 이야기 되는 것처럼, 컴퓨터 지능화의 대표적인 분야인 인공지능은 우리가 단일하게 정의하기는 어렵고 분야별로, 목표에 의해, 학자에 따라 달리 정의하고 있다.

인공지능의 탄생을 주도한 매카시(J. McCarthy)나 민스키(M. Minsky)가 생각한 인공지능은 "인간을 포함한 지적 행위체의 지적행위를 기계가 수행할 수 있게 하는 과학이다."라고 정의한다. 인공지능은 인간의 지능적 행위를 시뮬레이션 하는 개념과 방법들에 관한 컴퓨터의 한 분야라고 말한 인공지능 분야의 대부인 파이겐바움(E. Feigenbaum)은 "인공지능은 컴퓨터에 의한 언어적 추론의 개념과 방법을 연구하며 추론하는 데 사용되는 지식을 언어적으로 표현하는 것을 연구한다. 인간이 서로 간에 지능적이라고 인식하는 대로 행동하도록 컴퓨터가 만들어질 수 있는 가능성을 추구하는 분야이다."라고 정의 하고 있다. 심지어 오사카대학 아사다 미노루는 "지능의 정의가 명확하지 않음으로 인공지능을 명확히 정의할 수 없다."고 컴퓨터 지능을 이야기 하고 있다. 그러면 과연 지능화된 컴퓨터는 무엇인가? 단적으로 말하기가 어려운 것이 사실이다. 하지만 인공지능의 여러 논거를 바탕으로 인공지능은 "지금까지 인간이 우월했던 많은 분야에 정보처리의 한계와 필요성, 그리고 새로운 융합의 창발성의 표상으로 컴퓨터를 응용하는 기술이다"라고 하는 것이 타당한 정의일 수 있다.

결국 컴퓨터 지능화의 목적은 더욱이 인간과 컴퓨터와의 맨·머신 인터페이스를 보다 유연하게 하여 컴퓨터가 인간과 지적인 일을 할 때의 파트너가 되도록 하기 위한 응용 기술이라고 말할 수 있다.

그림 2.1 맨·머신의 파트너십

1950년도 후반에 컴퓨터과학이 분과 학문으로 탄생하면서 향후 10년 후에는 인공지능이 가능한 컴퓨터가 인간을 대신하여 그 역할을 할 것이라고 예측 하였지만, 벌써 60여 년이 훌쩍 지나갔다. 인공지능은 인공적으로 인간의 뇌와 유사한 것을 만든다는 것으로 생각하기 쉽지만 사실 매우 어려운 것이다. 인간과 같이 생각할 수 있는 인공뇌(생리학적)를 만든다는 것은 지금으로서는 불가능하며, 앞으로도 당분간 가능성이 없다. 이러한 문제를 2세기 전에 맨 먼저 인식한 르네 데카르트(René Descartes)는 인공적인 지능이 불가능할 것이라고 선언했다. 그는 두 가지 절대적인 기준에 따라 기계와 진짜 마음이 구분될 수밖에 없다고 주장했다. 그렇다면 현재와 미래에는 인공지능의 실현이 가능한가?

초기의 인공지능은 게임, 바둑 등의 분야에 머물렀지만, 실생활에 응용되기 시작하여 비약적으로 발전하고 있다. 최근 빅데이터를 기반으로 한 딥러닝 기술의 급속한 기술 진화에 따라 전 세계적으로 인공지능 관련 기술에 대한 폭발적인 관심과 경쟁적인 개발이 추진되고 있다. 인공지능은 인간처럼 정보를 인지, 학습, 추론하는 지능적인 기계를 만들기 위한 하드웨어와 소프트웨어를 망라하고 있다. 2016년 봄에 인간과 기계의 세기 대결이라 하는 구글 알파고와 바둑 기사 이세돌 9단과의 대결에서 지능화된 컴퓨터가 승리한 이후에 인간의 지능보다 뛰어난 슈퍼 지능 머신이 출현하여 인공지능이 인류의 일자리를 빼앗고, 나아가 인류의 멸망을 초래할 수도 있다는 부정적인 전망도 있는 것이 현실이다.

컴퓨터의 지능화에 대한 세상의 견해는 인공지능 연구의 방향과 목표, 그리고 시대의 상황에 따라 다르다. 우리가 흔히 불리는 인공지능의 레벨을 두 단계로 나누면 고전적인 인공지능과 기계학습으로 받아들이려는 인공지능이다. 고전적인 인공지능은 지극히 단순한 제어 프로그램을 전자제품에 탑재하는 것이다. 상황의 온도, 습도, 대기의 상태에 따라 작동하는 공기정화기나 냉온풍기, 영리하게 혼자서 청소하는 로봇청소기 등은 시스템공학이나 제어공학이라는 이름으로 알려진 학문 분야로 시작하여 입력과 출력의 관계를 맺는 방법으로 적절한 판단을 내리기 위해 추론과 탐색을 하는 레벨의 단계를 말한다. 한편 기계학습을 받아들인 인공지능은 검색엔진에 내장되어 있거나 빅데이터를 바탕으로 자동적인 판단이 가능한 부분이다. 이것은 추론구조나 지식정보가 데이터에 바탕을 두고 학습하는 것으로 기계학습의 알고리즘이 이용된다. 기계학습 기술은 과거의 패턴인식의 연구를 기초로 하여 2000년대에 들어와 빅데이터 시대를 맞이하면서 더욱 진화하고 있다. 이제는 기술적으로 더욱 발전한 딥러닝을 받아들이는 단계에 이르고 있는 것이 현실이다.

2.1.2 소프트파워에 의한 직업 변화

세계적으로 많은 사람들이 한때 세계 컴퓨터 시장을 선도하던 IBM이 단순 하드웨어 조립업체로 전락해 막대한 마케팅 비용을 견디지 못하고 무너지는 모습을 보면서 과연 우리의 향후 핵심 경쟁력은 무엇일까? 고민하기 시작하였다. 이제 세계는 소프트파워가 점진적으로 강해지면서 그 영향력은 더욱 커지고 있다. 마이크로소프트(MS), 구글(Google), 애플(Apple), 인스타그램(Instagram)사 등 소프트파워가 우위인 기업들은 적은 종업원으로 세계의 시장을 지배하고 있는 것이 현실이다. 사진이나 동영상을 SNS 상에 공유하는 인스타그램은 종업원 수가 불과 몇 십명에 불과하다고 한다. 이는 막강한 소프트파워의 영향이라는 단적인 예이다.

최근 옥스퍼드대학교 연구진에 따르면 향후 20년 이내에 로봇이 인간을 대체할 일자리가 현재의 직업 중에 47%가 살아질 것이라고 전망했다. 특히 텔레마케터, 시계 수선공, 스포츠 심판, 모델, 상점 계산원, 전화 교환원, 자동차 엔지니어들의 일자리가 인공지능이나 로봇에 의해서 빼앗길 가능성이 가장 높다는 것이다. 하지만 상대적으로 레크리에이션 치료사, 영양사, 내과의사, 심리학자, 초등학교 교사 등은 인공지능이나 로봇에 의해서 대체될 가능성이 매우 낮은데, 이들 직업은 직접 고객을 상대하고 고객의 상태를 정확하게 진단하고 판단하는 특성이 있기 때문이다. 그리고 창의적인 업무를 하는 직업들, 인공지능 시대를 맞아 과학기술을 주도하는 직업들 역시 인공지능으로 대체될 확률이 낮다는 것이다. 창의적인 업무를 하는 직업으로는 무대 디자이너, 전시 디자이너, 큐레이터, 음악감독, 작곡가, 사진작가, 패션 디자이너, 융합의 창조자 등이 있으며, 특히 소프트웨어를 중심으로 발전할 수 있는 기술 분야에서 컴퓨터 시스템 분석가, 생명과학자, 우주항공 엔지니어, 재료공학자, 기계 엔지니어, 소프트웨어 개발자 등은 인공지능 시대의 과학기술을 이끌어 가는 대표적인 직업들이라 할 수 있다.

미래학자 토머스 프레이(Thomas Frey)는 2030년이 되면 의사, 판사나 변호사와 같은 전문직업도 소멸된다는 예측을 하기도 했다. 그렇다면 정말로 미래에는 인공지능이나 로봇, 첨단 기술 등으로 인해 이런 직업은 사라질까?

제시된 의사나 법률가와 같은 특정한 직업이 완전히 사라진다기보다는 새로운 형태로 일을 수행하게 되는 변화가 일어날 것으로 예측된다. 확실한 것은 소프트웨어 기반의 로봇으로 인해 위험하고 힘든 인간의 육체적 노동은 줄어들 것이고, 인간의 삶이 보다 편리하고 스마트하게 변화할 것이라는 거다.

최근 인간의 이기(利器)에 의한 기술 축적으로 인공지능·로봇 기술 발전은 앞으로 10년 안에 1,800만 명이 넘은 인간의 일자리가 위협을 받을 것이라는 우리나라 정부기관 보고서가 나왔다. 특히 기술에 따른 일자리 잠식 효과가 관리직 등 고소득층보다 단순 노무직 등 저소득층에 집중되어 있어 소득의 양극화 문제가 한층 심해질 전망이다. 지속 가능한 4차 산업혁명을 맞이하기 위해 장밋빛 전망을 넘어서는 국가의 근본적 대책이 요구되는 시점이기도 하다. 하지만 이와 같은 고용의 그림자는 극복이 가능하다는 논리와 방향성을 제시하기도 한다.

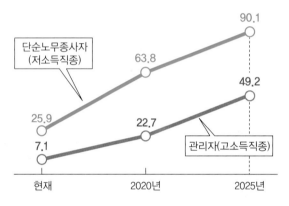

그림 2.2 인공지능·로봇의 직업군 일자리 대체율

자료: 한국고용정보원

하버드대 심리학과 교수인 하워드 가드너는 인간은 언어지능, 공간지능, 논리수학지능, 신체운동지능, 음악지능, 자연탐구지능, 자기이해지능, 대인관계지능의 다중지능을 갖고 있다고 주장한다. 인간은 더 나아가 마음, 창조성, 윤리, 경험, 의지 등의 고급 인지 능력을 갖추고 있다고 한다. 아직까지 인간의 두뇌 동작과 지능의 발현을 정확하게 분석하지 못한 상황에서 기계가 인간의 지능을 뛰어넘는 시점에 대해 전망하는 것은 잘못된 예측이라는 의견 또한 적지 않다. 만일 인공지능이 인간을 정복한다는 불안이 존재한다면 우리는 우려하는 상황을 준비하면 된다. 따라서 우리의 사회시스템 속에서 인간에게 부수적으로 포함되고 있던 학습이나 판단을 세상의 어느 필요한 곳으로 분산시켜 설치하는 것으로 보다 좋은 사회시스템을 만들 수 있다는 방향으로 소프트파워를 강화하면 될 일이다.

2.2 컴퓨팅 사고

정보화 사회의 도래로 수많은 정보의 홍수 속에 어떻게 정보를 효과적으로 활용할 수 있을까? 라는 인간들의 고민이 커지게 되었다. 현대사회에 들어서 컴퓨터라는 도구가 우리에게 많은 영향을 미치며 가치를 잃어버린 정보를 재가공하고 활용함으로써 편리성을 더해주고 있다.

가정, 학교, 직장 등에서 복잡한 문제를 해결하기 위해 정보통신기술을 필수적으로 활용하면서 전통적인 문제해결의 방법을 컴퓨팅 사고를 통해 효율적인 문제해결 방법을 찾아야 한다는 주장들이 대두되고 있다. 2006년에 미국 카네기멜런 대학교 지넷 윙 (Jeannette M. Wing) 교수가 컴퓨팅 사고를 주창하면서 세간의 관심이 커지고 있다. 윙 교수는 "컴퓨팅 사고(Computational Thinking)란 컴퓨터 과학자에게만 적용되는 것이 아니라 누구에게나 일반적으로 적용되는 사고방식과 기술의 집합인데, 잘 배우고 익혀서 사용할 가치가 충분하다."라고 하였다.

컴퓨팅 사고는 인간의 일반적인 사고능력과 컴퓨터의 능력을 융합한 사고로서 단편적인 의미를 벗어나 통섭적인 사고를 통해 문제해결을 위한 창의적이고 논리적인 사고방식이다. 이러한 사고방식은 매우 복잡하고 해결하기 어려운 문제를 컴퓨팅의 알고리즘으로 구현하여 결과를 효율적으로 제시해 줄 수 있다. 이는 문제해결 과정으로 컴퓨팅 사고의 특징을 포함하고 있다.

2.2.1 컴퓨팅 사고 모델

현대 사회는 무한 경쟁을 하면서 새로운 가치를 생성하는 사고력이 점점 중요해지고 있는 가운데 우리 사회가 요구하는 인재는 창의적이고 논리적인 사고력을 지닌 인간을 원하고 있다. 기존의 사고방식으로는 예측하기 어려운 문제발생의 해결책이 되지 못하고 있으며, 문제를 해결하기 위해 창의적으로 사물이나 개체를 바라보고, 논리적으로 잘 분석할 수 있는 인간이 보다 나은 문제의 해결책을 찾을 수 있기 때문에 사고력이 중요한 이유이기도 하다.

컴퓨터 과학기술의 발전은 인간이 언제 어디서나 보다 쉽게 정보나 지식을 접근하고 획득할 수 있다. 이는 인간의 사고력에 기반을 둔다. 17세기 프랑스 파스칼(Blaise Pascal,

1623–1662)은 "인간은 생각하는 갈대이다." 라고 했지 않는가?

인간은 모든 생명체와 다른 점은 생각할 수 있다는 것이다. 또한 인간은 도구를 활용할 수 있다는 것이 다르다. 이런 인간의 지적인 사고는 디지털 시대의 도래로 인해 컴퓨팅 사고가 혼재하면서 창의적인 융합적 사고를 통해 문제해결의 실마리를 찾고 있다. 정보화 사회에서 디지털은 매우 가치 있는 문제해결의 수단이 된다. 따라서 컴퓨팅 사고를 가져야 함은 설득력이 있는 당연한 귀결이다. 그러면 보다 효율적인 컴퓨팅 사고를 갖기 위해 컴퓨팅 사고의 프로세스(절차) 모델을 이해하여야 한다.

2.2.2 컴퓨팅 사고 프로세스

예측하지 못하는 상황에서 문제해결을 어떻게 하면 가장 합리적이고 효율적으로 해결할 것인가는 모든 인간이나 조직 경영자의 관심사라 할 수 있다. 문제를 해결하는데 있어, 쉽든 어렵든 간에 기본적인 프로세스 또는 단계가 필요하다. 컴퓨팅 사고도 마찬가지로 적절한 어떤 프로세스를 활용하여 접근하는 것이 효과적이다. 일반적으로 효과적인 컴퓨팅 사고를 통한 문제해결 프로세스는 ① 문제 인식, ② 원인 분석, ③ 해결안 개발, ④ 실행 및 평가의 프로세스로 이루어지며, 최종 평가를 통해 새로운 문제의식을 가질 수 있는 계기로 활용할 수 있다.

그림 2.3 문제해결의 기본 프로세스

2.2.3 컴퓨팅 사고 구성

지넷 윙(Jeannette M. Wing) 교수는 컴퓨팅 사고의 구성을 분해, 추상화, 패턴인식, 알고리즘의 4가지 구성요소를 매우 중요시하고 있다. 이의 4가지 요소는 [그림 2.3]의 문제해결의 기본 프로세스에서 중요한 의사결정을 위해 해결안을 개발하는 3단계에 해당한다는 것이 일반적이다.

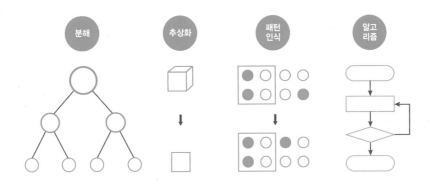

그림 2.4 컴퓨팅 사고 구성요소

■ **분해(Decomposition)**

어떤 복잡한 문제를 보다 쉽게 다루기 위해 여러 부분이 결합되어 이루어진 것을 개개의 부분으로 나눈 것이다.

■ **추상화(Abstraction)**

문제해결에 있어 관련성이 없는 부분을 무시하고 필요한 부분만 집중하는 것이다. 프로그램 언어의 부분에 있어 언어가 갖고 있는 성질과 문법을 상세하게 나타내는 시스템 특성을 간략하게 묘사한다.

■ **패턴인식(Pattern Recognition)**

효율적인 문제해결을 위해 유사성(패턴)을 찾아낸 것으로 여러 데이터 중에서 유사성, 규칙성, 추세 등을 세밀히 관찰하여 문제를 인식하는 것이다.

■ 알고리즘(Algorithm)

어떤 문제를 해결하기 위해 정해진 일련의 절차나 방법으로 문제에 대한 단계적인 작업 지시, 설명, 해결책 등을 설계하는 것이다.

우리는 어떤 문제해결을 위해 [그림 2.4]의 컴퓨팅 사고 구성요소와 같이 분해, 추상화, 패턴인식, 알고리즘의 4가지 구성요소를 효율적으로 적절히 활용함으로서 디지털 사회에 필요한 스마트하고 창의적인 컴퓨팅 사고력을 갖는 인재가 될 수 있다.

2.3 코딩 교육과 스크래치

2.3.1 코딩 교육

우리가 유용하게 사용하고 있는 컴퓨터에서 뇌 역할을 하고 있는 것이 소프트웨어다. 우리 교육 환경에서 소프트웨어를 초 · 중등교육의 정규 교과로 편성하고, 교육을 시작한지 2018년도부터이다. 이에 따라 소프트웨어 교육의 중요성이 날로 커져가고 있으며, 가까운 미래에 소프트웨어와 컴퓨팅 사고에 익숙하지 않은 사람은 경쟁에서 도태되는 시대가 올 것이라는 우려를 많이 하고 있다.

대학의 교육 환경에서 많은 학생들이 교수에게 찾아가 프로그래밍의 어려움을 토로한다. 이러한 문제는 주로 학생들이 컴퓨터 언어의 특성을 제대로 인식하지 못한데 기인한다. 프로그래밍이란 우리가 구사하는 일상의 언어와 같아서 많이 경험하고 사용하다 보면 결국 능숙해질 수 있음을 주지할 필요가 있다. 프로그래밍은 사람과 컴퓨터 간의 소통이기 때문에 언어를 배우듯 조금이라도 어릴 때 배우고 가르치는 것이 바람직하다. 이에 학생 스스로 프로그래밍을 어렵게만 생각할 것이 아니라 언어를 공부하거나 예술을 발전시키는 마음으로 임할 필요가 있다.

소프트웨어에 관심 있는 학생이라면 코딩에 도전해보자. 코딩을 통해 단순한 프로그래밍 언어를 나열하는 것보다 자신만의 논리를 구성하는 것이 중요하다. 그러면 코딩이란 무엇인가? 코딩(Codinng)은 '프로그램을 수행하는 알고리즘을 컴퓨터가 이해할 수 있는 언어로 작성하는 일련의 입력 행위'를 말한다. 즉 어떤 "문제해결을 위한 컴퓨팅 사고로 알고리즘을 설정하여, 그것을 실행이 가능하도록 작성하는 일이다."고 할 수 있다.

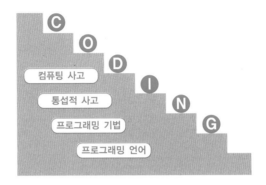

그림 2.5 코딩 구현의 단계

소프트웨어 교육은 인문사회, 자연과학, 예체능, 의약학 계열 등 구분 없이 학습이나 직업의 문제를 해소하는데 큰 역할을 할 수 있다. 월드와이드웹((World Wide Web)이 물리학자인 팀 버너스 리(Tim Berners-lee)에 의해 제안되었고, 이성에 대한 호감을 바탕으로 공대생인 마크 저커버그(Mark Zuckerberg)와 그 친구들이 친구 맺기와 이성에 대한 호감을 바탕으로 페이스북(Facebook)을 만들었다는 사실에서 분명히 알 수 있듯이 소프트웨어의 중요성을 깨달아야 할 것이다.

소프트웨어를 구현하는 과정은 정의된 내용에 문제를 설계하기 위한 디자인 사고, 컴퓨팅에서 다루는 논리적이고 수리적인 사고, 인문학적인 소양을 바탕으로 추상화할 수 있는 능력, 타 분야와의 융합을 통해 창의적 사고를 추구하는 경계를 뛰어넘는 통섭 교육의 바탕으로 한 교육 프로그램 개발과 운영, 그리고 적극적인 개인의 노력으로 코딩의 필요성을 절실하게 인식하여야 한다.

코딩 교육을 위해서는 [그림 2.5]와 같이 스크래치, 파이썬, 엔트리 등의 프로그래밍 언어를 기반으로 프로그래밍 기법을 이해하고, 통섭적인 사고를 가지고, 컴퓨팅 사고에 도달할 수 있도록 체계적 교육이 필요하다.

2.3.2 스크래치

스크래치(Scratch)는 미국 MIT 미디어랩의 Lifelong Kindergarten Group에서 운영하는 프로젝트로써 전 세계에 보급하고 있는 교육용 프로그램 언어이다. 이 프로그램으로 이미지, 애니메이션, 사운드 등을 자유롭게 결합하여 역동적인 스토리의 프로그램을 만들 수 있고, 스크래치의 다양한 기능을 활용해 여러 가지 멀티미디어 작품을 만들어 볼 수 있다.

스크래치 프로그램은 디지털 사회의 다양한 환경에서 학습 및 업무 등에 있어 컴퓨터 프로그래밍 언어 사용 환경에 대한 쉬운 접근을 위해서 스크래치를 활용한 문제해결 과정의 교육을 통해 창의적 사고, 체계적 논리추론, 협업 작업 등을 기를 수 있도록 도와주는 유용한 도구이다. 이 도구는 현재 150개 이상의 나라에서 40개 이상의 자국어로 사용되고 있는 대표적인 프로그래밍 교육을 위한 도구이며, 다음 주소 "https://scratch.mit.edu/"의 접속을 통해 무료로 누구든지 사용할 수 있도록 개방되어 있고, 한국어도 지원하고 있어 컴퓨터 프로그래밍을 처음 접하는 사용자도 쉽게 접근할 수 있다. 또한 스크래치 프로그램은 인터넷이 연결되지 않는 상황에서도 사용이 가능하도록 오프라인 모드를 제공하므로 스크래치 웹페이지 하단의 '지원−오프라인 에디터'에서 프로그램을 다운로드해 사용이 가능하다.

교육용 프로그래밍 언어로 스크래치, 파이썬, 엔트리, 아두이노, 블록클리 등이 활용되고 있다. 이 중에 스크래치는 초보자에게 접근성이 쉽고, 대부분 비주얼 기반으로 코딩 교육의 시작과 함께 친근하고 쉬운 언어로 동작, 형태, 소리, 펜, 데이터, 이벤트, 제어, 관찰, 연산, 추가블록 등의 선택을 통해서 블록들을 마우스로 쉽게 끌어다 연결하면서 그림, 애니메이션, 사운드 등의 다양한 형식의 프로그램을 만들 수 있기 때문에 전 세계적으로 인기를 끌고 있다. 따라서 초보자나 비전공자들이 자연스럽게 접하고 읽힐 수 있는 코딩 교육의 적합한 도구라 할 수 있다.

그림 2.6 스크래치 모토

본 교재에서는 스크래치에 가입하여 온라인상에서 로그인한 후 도구를 사용하는 방법을 사용한다. 2부의 기본 예제에서 '스크래치'의 기본 익히기를 먼저 학습하고, 이를 도구로 하여 3부의 응용 예제에서는, 지넷 윙 교수의 컴퓨팅 사고 구성요소인 [분해 – 추상화 – 패턴인식 – 알고리즘] 이해를 바탕으로 하여 문제해결 프로세스를 거쳐 효율적이고 체계적인 문제해결이 가능하도록 스크래치의 다양한 응용 실습으로 실력을 다지도록 학습한다.

문제해결과
컴퓨팅 사고

3.1 문제해결능력

우리는 일상과 업무에 있어서 다양한 문제를 해결해야 하는 경우가 발생하게 된다. 이때에 문제해결능력이 필요하다. 따라서 발생하는 문제의 종류에 따라 적절히 대응하지 않으면 안된다. 예측하지 못한 어떠한 문제가 발생하든 간에 우리는 사고력을 발휘할 줄 아는 문제해결능력을 갖추어야 한다.

문제해결능력이란 일상이나 업무를 수행함에 있어서 예측하지 못한 문제가 발생하였을 경우 창의적이고 논리적인 사고를 바탕으로 올바르게 원인을 찾아 새로운 대안을 마련하여 능동적이고 적극적으로 문제를 해결하는 능력을 말한다.

현대 사회는 격변의 시대적 상황에서 해결해야 하는 문제가 많다. 이때 과거의 경험을 바탕으로 문제를 해결하려고 하면 별다른 도움이 되지 못한다. 또한 복잡한 사회인만큼 나타나는 문제들은 다양성과 복잡성을 띠게 마련이다. 따라서 학업이나 직장에서는 문제를 효과적으로 해결할 수 있는 문제해결능력을 키우는 것이 매우 중요하다고 할 수 있다.

문제해결능력은 특정한 업무를 수행하는 인간에게만 요구되는 능력이 아니라 인간에게 기본적으로 요구되는 능력으로 문제해결을 진작하기 위한 요소로 사고력, 문제처리능력, 컴퓨팅 사고력이 필요하다.

문제해결능력은 [그림 3.1]과 같이 하위 능력으로서 사고력과 문제처리능력이라는 문제해결의 구도를 갖는다. 사고력은 인간의 기본 능력으로 사물의 이치를 궁리하여 깨

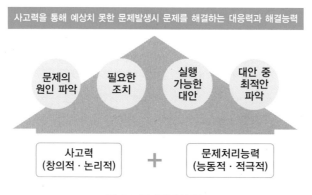

그림 3.1 문제해결의 구도

닫는 능력으로서 예측하지 못한 일이 발생하였을 때 이미 일어난 문제를 인식하고 해결함에 있어 창의적, 논리적, 비판적으로 생각하는 능력을 의미한다. 문제처리능력은 학업이나 직장에서 업무와 관련된 문제의 특성을 파악하여 문제해결을 위한 대안을 제시·적용하고 그 결과를 평가하여 피드백 하는 능력으로 문제인식, 대안선택, 대안적용, 대안평가 등으로 구분한다.

문제해결을 위해 컴퓨팅 사고력은 지넷 윙 교수가 제시한 컴퓨팅 사고의 특징으로 구성요소는 분해, 추상화, 패턴인식, 알고리즘 등 컴퓨팅 사고 요소를 활용하여 문제를 해결하는 방법이다.

인간은 일반적으로 어떤 문제를 해결하는데 있어 논리적으로 접근하기 보다는 과거의 경험이나 단순한 정보에 의존하여 문제를 해결하는 경우가 많으며, 항상 해왔던 방식으로 업무를 처리하려는 경향이 강하다. 하지만 사회에서 요구하는 인재상은 타인과 차별화된 사고, 기존 방식에 얽매이지 않고 개방된 창의적인 사고가 필요하다. 또한 문제의 상황에 대해 논리적으로 접근하여 생각하는 논리적 사고가 요구되기도 한다. 따라서 문제해결을 위해 창의적·논리적 사고를 바탕으로 자신에게 주어진 문제를 정확히 인식하고, 문제가 발생한 원인과 대안을 다양하게 분석할 수 있는 문제처리능력으로서 컴퓨팅 사고를 가질 필요가 중요시 되고 있다.

3.2 컴퓨팅 사고 기반 문제해결

우리는 일상에서 "먹기 위해 사느냐? 살기 위해 먹느냐?"라는 농담을 하지만, 또한 철학적 의미를 담고 있다. 이것이 고민거리 일 수 있다. 고민은 개인의 마음속으로 괴로워하며 속을 태우는 문제로 결국 스스로 해결해야 하는 문제이다. 문제는 단순한 결과를 얻기 위해 해답을 요구하는 물음뿐만 아니라 우리가 일상과 업무적으로 해결해야 하는 모든 과제를 담고 있다. 문제를 해결함에 있어 실제로 문제해결을 위한 방법을 모르거나, 얻고자 하는 해답은 있지만 해답을 얻는데 필요한 일련의 행동을 알지 못한 상태에 빠진다. 따라서 이런 문제점을 해소하기 위해 적절한 문제해결의 프로세스를 활용할 필요가 있다.

4차 산업혁명으로 미래 우리사회의 급격한 변화와 함께 교육부분에서도 혁신이 이루어지지 않으면 개인이나 국가발전에 지체 현상이 나타날 수 있다. 아직 정해진 4차 산업 혁명을 위한 주요한 키워드는 없다. 다만 교육부분에서 우리의 관심사가 되고 있는 것이 소프트웨어 교육이라 할 수 있다. 미래는 더 이상 하드웨어의 혁신이 아닌 소프트웨어가 혁신의 중심이고 소프트웨어를 만드는 인재가 가장 큰 사회 자산이 될 수 있다. 소프트웨어를 잘 만들 수 있는 방법과 핵심적인 창의적 인재를 육성할 수 있는 좋은 방법은 컴퓨팅 사고 기반의 문제해결형 교육이어야 한다. 컴퓨팅 사고를 위해 선진국들에서 적극 활용하고 있는 코딩교육으로, 만들어진 코드를 분석하고 익히는 '코드리뷰(Code Review)' 방식이다. 코드리뷰는 코드를 개발자가 작성하고, 다른 개발자가 정해진 방법을 통해 검토하는 일을 말한다. 이처럼 컴퓨팅 사고는 일련의 절차적 방법으로 문제를 해결하는 것처럼 코딩의 프로세스 실습 방법으로 문제를 해결하는 사고가 필요하다.

제2절의 컴퓨팅 사고 프로세스에서 ① 문제 인식, ② 원인 분석, ③ 해결안 개발, ④ 실행 및 평가의 문제해결의 기본 프로세스를 제시하였다. 여기서 3단계 해결안 개발 단계는 지넷 윙 교수의 컴퓨팅 사고 구성, 즉 분해, 추상화, 패턴인식, 알고리즘의 컴퓨팅 사고 문제해결 방법 단계 부분으로 중요한 의미를 갖는다.

3.3 문제해결 방법

정보화 사회 도래로 인해 우리의 생활 구조나 패턴, 그리고 업무의 형식이 디지털화 되었다. 정보화 시회를 넘어 유비쿼터스 사회를 건너 현재는 미래의 4차 산업혁명을 고민하고 있다. 컴퓨터의 활용은 필수적인 수단이며 인간의 문제해결의 중심에 서(Stand) 있다고 할 수 있다. 그러면 우리의 사고는 당연히 컴퓨팅 사고를 가져야 할 것이다.

오늘날 컴퓨터는 분절화된 모든 학문을 통섭으로 경계의 벽이 허물어져 'Jumping Together'할 수 있는 유용하고 필수적인 인간의 문제해결을 위한 도구가 되어 있다. 이를 잘 활용하려면 수직적·수평적으로, 학제·개체·사람 간에 통섭으로 새로운 가치의 결과를 나타낼 수 있는 문제해결의 준비가 필요하다. 따라서 컴퓨팅 사고로 해결해야할 문제를 잘 인식하여 원인 분석을 통해 해결안을 찾아 개발하여야 한다.

컴퓨팅 사고의 단계는 발생한 문제를 처리하기 위해 컴퓨팅 사고의 이전 단계로 문제

인식, 원인 분석의 절차를 거쳐 해결안을 개발하기 위해 분해, 추상화, 패턴인식, 알고리즘의 컴퓨팅 사고의 단계를 바탕으로 실행 및 평가를 행하게 된다.

특히 해결안을 개발하는 단계는 문제로부터 도출된 근본 원인을 효과적으로 해결할 수 있는 최적의 해결 방안을 수립하는 단계로 핵심 부분인 컴퓨팅 사고 단계(Computational Thinking Phase)라 할 수 있다. 이 부분의 단계에서 분해, 추상화, 패턴인식, 알고리즘 등은 컴퓨터를 활용하여, 즉 프로그래밍을 적절히 잘 실행하여야 한다.

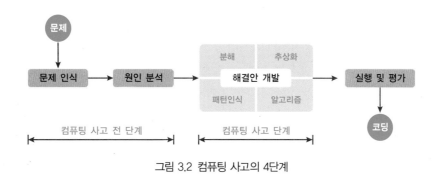

그림 3.2 컴퓨팅 사고의 4단계

3.3.1 분해(Decomposition)

분해는 주어진 복잡한 문제를 해결하기 위해 보다 작은 문제로 분해하는 것이다. 이처럼 복잡한 문제나 시스템을 여러 작은 부분으로 나누어서 문제를 해결하면 보다 쉽게 문제해결이 되는 장점이 있다.

맥킨지식 문제해결법인 로직트리(Logic Tree)는 경영전략에 많이 쓰이고 있다. 이것은 문제해결에 있어서 논리적 사고력을 개발하는 방법으로 논리의 나무라고 하는 로직트리는 핵심 개념을 연역적으로 위에서 아래로 분류시키기 위한 방법으로 하나의 줄기에서 시작하여 2, 3, 4번째 나뭇가지처럼 차차 갈라지면서 빠짐없이 중복되지 않게 생각을 논리적으로 구조화하는 방법이다.

로직트리는 상위의 개념을 하위의 개념으로 논리적으로 분해하는 방법으로 원인과 해결책을 찾고 요소를 나누는데 활용될 수 있다. 이를 위해서 1차 분석에서는 분석 대상의 전체를 포함하면서 각각이 중복되지 않게 어떻게 구분을 지을 것인가를 결정하고, 2차 분석과 3차 분석에서는 1차 분석과 같은 방법으로 점차 세분화해 나가는 절차에 따라 수행된다.

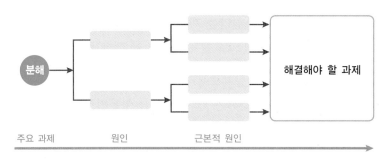

그림 3.3 분해 절차 구조

컴퓨터 시스템의 중앙처리장치(CPU)는 하나 이상의 마이크로프로세서를 사용하여 만들 수 있다. 고성능 컴퓨터에서는 여러 개의 마이크로프로세서를 병렬로 연결하여 만들기도 한다. 중앙처리장치는 파이프라이닝(Pipelining) 기법으로 명령어를 실행하는데 사용되는 하드웨어를 단계들로 분해하고 그들로 하여금 동시에 서로 다른 명령어를 처리하도록 함으로써 중앙처리장치의 성능을 높여준다. 이처럼 컴퓨터처리에 있어 분해에 의한 병렬처리로 컴퓨팅적 문제해결을 신속히 해결해 준다.

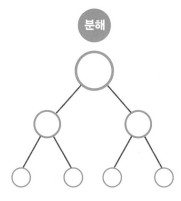

그림 3.4 분해 구조

QUIZ 다음의 예제들을 통해 분해의 기능에 대해 실습해 보자.

💡 예제 1

철수와 영희는 대학교 1학년 학생이다. 철수는 다음 날 제출해야 할 과제가 3개(A, B, C)가 있고, 영희는 다음날 제출해야 할 과제가 2개(B, C) 있다. 철수와 영희는 2개의 과제가 같다. 철수와 영희는 같은 과제 2개를 협력하여 풀고자 한다. 현재 시간은 오후 2시, 철수는 3시부터 6시까지 시간제 아르바이트가 있다. 영희는 오후 8시부터 10시까지 선약이 있다. 저녁식사 시간은 6시부터 7시까지이며, 이 시간은 과제를 풀 수 없다. 두 학생 모두 12시에는 잠을 자야 한다. 1개 과제를 푸는데 걸리는 시간은 둘이 협력할 경우 1시간 30분, 각자 개인이 풀 경우 2시간이 소요 된다. 이 두 학생은 과연 잘 협력하여 다음날 무사히 과제를 제출할 수 있을까? 있다면 철수와 영희는 각각 어떤 방식으로 시간 관리를 하게 될까? 없다면 철수와 영희는 각각 어떤 이유로 할 수 없게 되는 것일까? 철수와 영희의 관점에서 각각 시간대별로 할 일을 분할하여 정리해 보자.

⚲ 예제 2

김치찌개와 된장찌개, 그리고 부대찌개를 동시에 만들려고 한다. 재료는 임의로 선택할 수 있다. 인터넷을 이용하여 김치찌개와 된장찌개, 그리고 부대찌개를 만드는 방법(레시피)를 검색하여 각각에 대해 조리 순서를 정리해 보자. 이후, 정리된 레시피대로 세 가지 요리를 동시에 한다면 어떻게 하여야 세 가지 요리를 동시에, 그리고 효율적으로 할 수 있을지 일의 순서와 시간을 정해 정리해 보자.

3.3.2 추상화(Abstraction)

추상화는 중요하지 않은 세부 부분을 무시한다. 이처럼 추상화는 필요 없는 특징들을 제거하고 핵심적인 특징을 추출해 내는 것이다. 또한 어떤 것의 원리를 이해하면 같거나 비슷한 유형의 문제에도 그 해결방법을 적용할 수 있는 일반화 원리도 추상화에 속한다고 할 수 있다.

일반화 원리는 여러 가지 사실로부터 공통된 특징을 추출하여 일반적인 법칙을 만들어 내는 것이다. 일반화가 된다면 동일한 코드를 이용하여 유사한 문제들을 해결할 수 있다. 따라서 추상화가 잘 되어 있으면 유사한 문제들에 대한 일반적인 해결 기술을 얻어 낼 수 있다.

그림 3.5 추상화 단계

우리의 일상에서 컴퓨팅 분야는 매우 많은 추상화 기법을 발견할 수 있다. 도로 위 교통 표지판이나 다양한 심볼들이 추상화의 예로 이해될 수 있다. 표지판이나 심볼은 표시하고자 하는 세부사항을 제거하고 중요한 핵심적인 부분만 표시하고 있다. 고양이의 경우 일반적으로 '야옹' 소리는 누구나 알고 있는 특징이다. 고양이를 묘사할 때 소리의 특성은 불필요하게 제거하는 경우가 일반적이다. 고양이의 핵심적인 특징을 추출할 때는 얼굴 형태, 다리 개수, 꼬리 ,털, 눈 등의 특성을 찾아낸다. 일반화 원리를 이용하여 또 다른 고양이를 그릴 때 추상화 기법을 적용할 수 있다.

컴퓨터 시스템에서 추상화는 복잡한 자료, 모듈, 시스템 등으로부터 핵심적인 개념 또는 기능을 간추려 내는 것이다. 컴퓨터 운영체제는 하드디스크에 대해 파일, 네트워크에 대해 포트, 메모리에 대해 주소, CPU에 대해 프로세스라는 추상화된 접근 방법을 제공한다.

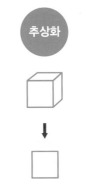

그림 3.6 추상화 구조

QUIZ ↻ **다음의 예제들을 통해 추상화의 기능에 대해 실습해 보자.**

💡 **예제 1**

고양이와 개, 그리고 원숭이와 토끼 그림을 종이에 그린다. 그림을 모두 그리고 나면 인터넷을 이용해 고양이, 개, 원숭이, 그리고 토끼의 이미지를 검색해서 해당 동물들의 특징이 자신의 그림에 잘 표현되었는지 비교해 본다. 자신이 표현한 그림에 누락된 특징이 있다면 추가한다.

예제 2

악기 종류 중에 피아노, 바이올린, 플룻, 북, 그리고 하프 그림을 종이에 그린다. 그림을 모두 그리고 나면 인터넷을 이용해 피아노, 바이올린, 플룻, 북, 그리고 하프의 이미지를 검색해서 해당 악기들의 특징이 자신의 그림에 잘 표현되었는지 비교해 본다. 자신이 표현한 그림에 누락된 특징이 있다면 추가한다.

💡 예제 3

자신이 좋아하는 그림 또는 이미지를 인터넷에서 검색하여 화면에 띄운다. 화면의 그림 또는 이미지를 다음의 빈 칸에 옮겨 그린다. 각 칸은 색을 칠하거나 칠하지 않거나 둘 중의 하나만 가능하다. 모두 그렸으면 색이 칠해진 칸의 개수를 세어 기록한다.

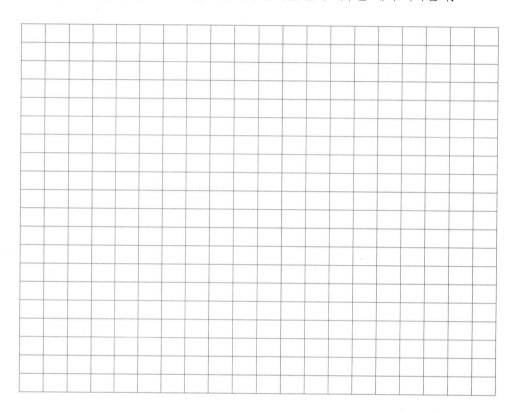

색이 칠해진 칸의 개수 : _____개

3.3.3 패턴인식(Pattern Recognition)

우리는 여러 문제들 중에서 유사성을 찾는 경우가 많이 있다. 일상에서 벌어지는 자연의 현상 중에 아침에 해가 뜨고 저녁쯤에 해가진다. 또한 바다에서는 밀물과 썰물이 반복되고 있다. 이처럼 일정한 반복의 규칙을 갖는 유사성을 발견하게 된다. 문제해결에 있어서도 복잡한 문제를 관찰하여 분해하는 과정에서 특정한 유사성을 찾을 수 있다. 이와 같은 현상이 패턴이다. 패턴은 복잡한 여러 문제를 보다 더 간략하게 파악할 수 있도록 해주기 때문에 유사성을 갖는 패턴을 찾는 것이 매우 중요하다.

패턴인식은 여러 데이터로부터 중요한 특징이나 속성과 같은 패턴을 추출하여 데이터를 식별할 수 있도록 분류하는 것으로 컴퓨팅 사고 4가지 요소 중 하나다. 이처럼 패턴인식은 분해된 작은 문제들 사이에서 유사성을 찾는 것으로 우리의 일상과 업무적으로 복잡한 문제를 효율적으로 해결하는 데에 있어 많은 도움이 된다.

그림 3.7 패턴인식 단계

컴퓨터를 활용하여 문제를 해결할 때 일정한 패턴을 인식하는 것이 매우 중요하다. 컴퓨터의 프로그래밍 과정에서 동일한 코드가 반복적으로 쓰여 지면 이는 반복구조를 사용하여 동일 코드를 반복하거나 특정한 함수를 이용하여 이미 작성된 코드를 재사용할 수 있기 때문이다. 프로그램에서 특정한 패턴을 발견하면 동일한 결과를 더 간단한 코드로 얻을 수 있다. 만약 스크래치 프로그램에서 고양이 게임을 코딩하였을 경우에 고양이가 랜덤한 위치에서 연속하여 나타나는 프로그래밍일 경우에 어떤 패턴이 있을 것이다. 이때 같은 코드를 중복하여 작성할 수 있다. 만약 패턴이 반복되는 경우를 발견하였다면 반복구조를 이용하여 프로그램을 간단히 코딩할 수 있다.

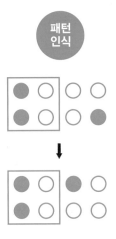

그림 3.8 패턴인식 구조

QUIZ ↻ **다음의 예제들을 통해 패턴인식의 기능에 대해 실습해 보자.**

💡 **예제 1**

음악 표절의 경우 어떻게 해서 표절 시비가 발생하는 것일까. 인터넷에서 표절 시비가 있는 곡들 중 3가지를 검색해 보고, 어느 부분에서 표절 시비가 발생하게 되었는지 각각 구체적으로 자세히 정리한다.

예제 2

인터넷에서 '트레이싱, 트레이싱 논란'을 검색하여 그 중 3가지를 선정하고, 어떤 부분
에서 해당 논란이 발생하게 되었는지 각각 구체적으로 자세히 정리한다.

⚲ 예제 3

자신의 일상생활을 회고해 보고, 매일 반복적으로 하게 되는 것들을 리스트로 정리한다.

3.3.4 알고리즘(Algorithm)

알고리즘은 작은 문제들을 해결하는 절차나 방법을 만드는 과정이다. 그러므로 우리가 문제해결을 위해 적절한 방법을 찾을 때 알고리즘은 그 효과를 발휘한다. 자동차를 타고 목적지를 가는데 예기치 못한 장애물을 만나게 된다면 약속지에 도달하는 시간의 문제가 발생할 수 있다. 이때 GPS 장비를 활용하는 방법을 이용하여 다른 길을 안내 받아 목적에 늦지 않게 도달할 수 있다. 이처럼 알고리즘은 인간이 수행하기도 하지만 컴퓨터를 이용하여 어떤 문제를 해결하려고 할 때 필요하다. 알고리즘을 프로그래밍 언어로 구현하게 되면 컴퓨터 프로그램이 된다.

그림 3.9 알고리즘 단계

컴퓨터를 이용하여 어떤 알고리즘을 수행하려면 알고리즘이 컴퓨터가 실행할 수 있는 명령어들의 집합으로 구성된다. 이때에 여러 도형과 화살표를 이용하여 알고리즘을 기술하는 순서도가 이용되고 있다. 알고리즘을 구성할 때 순서도를 통해 논리적으로 명령을 가시화하는 경우에 문제해결에 편리함을 더해 준다. 컴퓨터 프로그램에서 어떤 조건을 따질 때 순서도를 통해 알고리즘의 방법으로 3가지의 기본적인 제어구조를 활용한다. 프로그램의 명령어들이 순차적으로 실행되는 순차구조, 둘 중의 하나의 명령어를 선택하여 실행되는 선택구조, 동일한 명령어가 반복되면서 실행되는 반복구조이다.

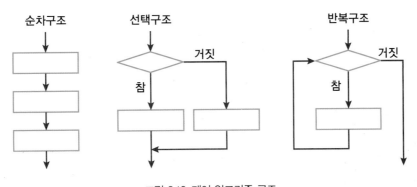

그림 3.10 제어 알고리즘 구조

알고리즘은 우리의 생활 속에서 다양하게 활용할 수 있다. 10명이 빵을 만들었는데 서로 다른 빵맛을 발견할 수 있다. 이것은 각자가 빵을 만드는 방법의 차이에서 생겨난 현상일 것이다. 빵의 재료나 만드는 용기는 공통적으로 같지만 결과는 서로 다르게 나타낸다. 즉 빵을 만드는 순서, 적절한 반죽이나 숙성 시간, 굽는 시간 등 각기 다른 방법으로 만들다보니 결과는 서로 다를 수밖에 없다. 여기서 창의적인 생각의 차이를 엿볼 수 있다. 컴퓨터 프로그램을 구현하는데 있어서도 프로그래머의 논리적 설계구도, 단계적 과정 등에 의해 좋은 프로그램과 그렇지 않은 결과를 나타낸다. 이처럼 알고리즘은 문제해결에 있어 매우 중요한 컴퓨팅 사고의 단계인 것이다.

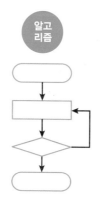

그림 3.11 알고리즘 구조

QUIZ ⟳ 다음의 예제들을 통해 알고리즘의 기능에 대해 실습해 보자.

💡 **예제 1**

나의 하루 일과를 위의 순차구조 그림에 맞추어 순서대로 그린다. 나의 하루 일과 중
발생했던 양자택일해야 했던 상황을 회고해 보고, 위의 선택구조 그림에 맞추어 그린
다. 나의 하루 일과 중, 매일 반복적으로 발생하는 것들을 회고해 보고, 위의 반복구조
그림에 맞추어 그린다.

💡 예제 2

예제 1에서 만들었던 세 가지 구조를 결합해서 한 개의 순서도로 만든다.

PART 2

기본 예제

P A R T 2

CHAPTER 4   스크래치 기본 실습

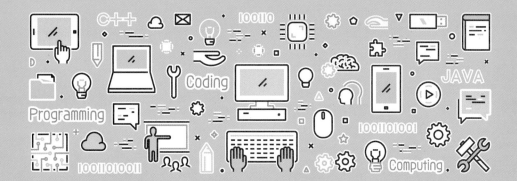

CHAPTER **4**

스크래치 기본 실습

4.1 스크래치 익히기

4.1.1 스크래치 가입

스크래치는 다음의 주소 "https://scratch.mit.edu/"로 접속하여 사용할 수 있다. 스크래치는 온라인과 오프라인 모드를 모두 지원하고 있으며, 우리는 온라인 모드로 사용할 예정이므로 스크래치에 가입하여 아이디를 만들고 로그인하여 사용하도록 한다. 우선 스크래치 웹사이트를 방문하면 다음의 그림과 같은 화면이 나타나며, 화면 우측 상단의 스크래치 가입 버튼을 클릭한다.

그림 4.1 스크래치 웹사이트 메인화면

'스크래치 가입' 버튼을 클릭하면 다음과 같은 가입 화면이 나타난다. 안내에 따라 차례대로 1단계-사용자 이름(아이디), 패스워드를, 2단계-생년월일, 성별, 국가정보를, 3단계-이메일 주소를, 4단계-3단계에서 입력한 메일 주소로 수신된 메일에 포함된 링크 확인의 순으로 진행된다.

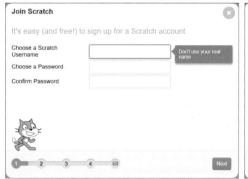 

그림 4.2 스크래치 가입 화면(계속)

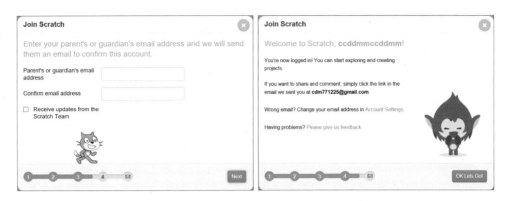

그림 4.2 스크래치 가입 화면

4.1.2 스크래치 시작

이제 스크래치 웹페이지 좌측 상단의 '로그인'을 클릭하여 가입 단계에서 입력했던 사용자 이름과 비밀번호를 입력하고 로그인 한다. 로그인 후 웹페이지 좌측 상단의 '만들기'를 클릭하면 다음과 같은 화면이 나타난다.

그림 4.3 스크래치 메인 화면

스크래치 '만들기'의 우측 상단 영역은 다음의 그림과 같으며 '무대'이다. 무대영역 가운데에 있는 고양이는 '스프라이트'이며 무대영역에서 사용자가 작업한 결과를 보여준다.

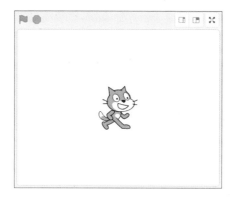

그림 4.4 무대 영역과 스프라이트

다음의 그림은 무대 목록을 보여주거나 사용자 정의된 무대를 편집 및 선택하는 영역과 스프라이트 목록을 보여주거나 사용자 정의된 스프라이트를 편집 및 선택하는 영역이며 무대와 스프라이트 모두 1개 이상 불러와서 선택하여 사용이 가능하다.

그림 4.5 무대 목록 및 선택영역과 스프라이트 목록 및 선택영역

코드 탭의 동작, 형태, 소리, 이벤트, 제어, 감지, 연산, 변수, 나만의 블록 및 확장기능 추가하기는 각각의 항목에 각 주제와 연관된 블록들로 구성되어 있다. 모양 탭은 스프라이트 이미지 편집과 관련된 기능을 제공하며, 소리 탭은 스프라이트에서 사용한 소리 편집과 관련된 기능을 제공한다.

그림 4.6 스크립트, 모양 및 소리 탭

스크립트 영역은 스크립트 탭의 각 블록들을 사용자가 선택 및 조합하여 작업하는 공간이다.

그림 4.7 스크립트 영역

4.2   블록 기능 익히기

4.2.1 블록 모양과 역할

스크래치는 블록 명령어의 조합으로 프로그램을 만들 수 있다. 블록들은 상호 연결되거나 연결되지 않는 구조를 가지고 있으며, 이는 블록의 모양을 살펴보면 알 수 있다. 하단의 블록 모양은 블록의 색깔과 관계없이 유사하거나 동일한 기능을 갖는다.

블록	설명
클릭했을 때	블록 상단이 볼록하게 돌출되어 있고 하단에 돌기가 나와 있는 형태를 갖는 블록으로, 블록의 조합(블록 스크립트)의 시작 부분에 사용된다. 하단의 돌기에는 상단에 같은 모양의 홈이 파여진 다른 블록들을 연결할 수 있다.
10 만큼 움직이기	가장 많은 유형으로 블록 상단에 홈이 파여져 있고 하단에 돌기가 나와 있는 형태를 갖는 블록으로, 블록에 표기된 동작을 실행한다. 블록 내부의 타원형 부분은 사용자가 원하는 값을 입력 가능하다.
랜덤 위치 ▾ (으)로 이동하기	블록 상단에 홈이 파여져 있고 하단에 돌기가 나와 있는 형태를 갖는 블록으로, 블록에 표기된 동작을 실행하며 블록 내부의 하얀색 삼각형 모양을 클릭하면 다른 항목을 선택하여 사용할 수 있다.
x 좌표	어떤 값(데이터)을 갖고 있는 블록으로 x좌표 만큼 움직이기 와 같이 이 블록 모양과 유사한 홈이 파여진 다른 블록들과 결합하여 사용할 수 있다.
10 번 반복하기	'ㄷ'자형 내부에 다른 블록을 결합하여 사용하는 블록으로 내부의 블록을 실행할 때의 조건을 지정하여 해당 조건대로 내부의 블록을 실행하도록 하는 블록이다.
멈추기 모두 ▾	블록에 표기된 동작을 실행하는 블록으로 하단에는 돌기가 없으므로 이 블록 하단에 다른 블록을 결합 할 수 없다.

4.2.2 항목별 블록 기능 개요

코드 탭은 다양한 블록들이 그 기능별로 9가지로 구분되어 있고, 스크래치 2.0버전에서 제공했던 소리 항목의 악기 연주 블록들과 펜 항목은 "확장기능 추가하기"에 이 포함되어 있다.

그림 4.8 스크래치 3.0의 코드탭의 블록 구분

- ● 동작 항목 : 스프라이트의 동작과 관계된 블록들로 구성
- ● 형태 항목 : 스프라이트의 말하기 및 생각하기와 스프라이트의 크기와 색깔, 모양의 변경이나 레이어 이동과 관계된 블록들로 구성
- ● 소리 항목 : 소리 재생과 음원선택, 음량 및 소리효과와 관계된 블록들로 구성
- ○ 이벤트 항목 : 특정한 상황이 발생했을 때 자신과 연결된 블록들을 실행하도록 하는 블록들로 구성
- ○ 제어 항목 : 특정 동작을 실행하거나, 특정 조건을 만족하는 상황에 특정 동작을 실행하도록 하는 블록들로 구성
- ● 감지 항목 : 특정 상황이 발생했는지 판단하는 블록들과 마우스 위치, 연월일 및 비디오 카메라 제어와 관계된 블록들로 구성
- ● 연산 항목 : 사칙연산에 의한 결과값을 갖는 블록들과 난수값 또는 관계연산 및 논리연산과 나머지 연산, 그리고 문자열의 결합과 이외의 수학적 계산과 관계된 블록들로 구성
- ● 변수 항목 : 변수 및 리스트(다수의 항목별 값) 데이터 블록 생성 및 입력과 삭제 및 데이터 블록 접근권한과 관계된 블록들로 구성
- ● 나만의 블록 : 사용자가 원하는 기능을 갖는 사용자 정의 블록을 생성하여 사용
- 🔲 확장기능 추가하기 : 스크래치를 이용하는 다른 확장 프로그램 및 하드웨어 툴과 함께 사용하는 블록들로 구성

1   동작

- 스프라이트의 이동 거리를 결정한다.
- 양수를 입력할 경우 우측방향으로, 음수를 입력할 경우 좌측 방향으로 이동한다.

> **Q** 'a' 키를 눌렀을 때 10만큼 우측으로, 's'키를 눌렀을 때 50만큼 우측으로, 'd'키를 눌렀을 때 100만큼 우측으로, 'f' 키를 눌렀을 때 50만큼 좌측으로 고양이 스프라이트가 이동하는 블록 스크립트를 만들어보자.

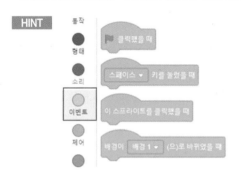

- '블록 탭-이벤트'에 키를 눌렀을 때 사용하는 블록이 있다.

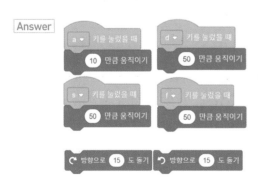

- 스프라이트가 입력된 수만큼의 각도로 시계/반시계방향으로 회전한다.
- 입력된 수가 음수인 경우 입력된 수만큼의 각도로 반시계/시계방향으로 회전한다.

Q 왼쪽 화살표를 눌렀을 때 스프라이트가 반시계방향으로 30도만큼 회전하고, 오른쪽 화살표
를 눌렀을 때 시계방향으로 20도만큼 회전하는 블록 스크립트를 만들어보자.

Answer

• 마우스 포인터 위치로 이동하거나 임의의 위치로 이동한다.

Q 스프라이트가 클릭될 때마다 스프라이트가 무대의 임의의 위치로 이동하는 블록 스크립트
를 만들어보자.

Answer

• 무대 위의 X, Y 좌표로 이동한다.

스프라이트가 클릭될 때 해당 스프라이트가 X:−100, Y:−100으로 이동했다가 1초 후 X:100, Y:100 으로 이동하는 블록 스크립트를 만들어보자.

▪ X좌표는 −240부터 240, Y 좌표는 −180부터 180이다. 스프라이트 영역에 좌표가 표시된다.

Answer

- 입력한 시간(초) 동안 마우스 포인터 위치로 이동하거나 임의의 위치로 이동한다.

Q 스프라이트가 클릭될 때 해당 스프라이트가 3초 동안 임의의 위치로 이동했다가, 1초 기다린 후 또 3초 동안 마우스 포인터 위치로 움직이는 블록 스크립트를 만들어보자.

Answer

- 입력한 시간(초) 동안 입력된 X, Y 좌표로 이동한다.

Q 스프라이트가 클릭될 때 해당 스프라이트가 3초 동안 X:-100, Y:-100으로 이동했다가, 1초 기다린 후 또 3초 동안 X:100, Y:100으로 움직이는 블록 스크립트를 만들어보자.

Answer

- 스프라이트가 바라보는 방향을 결정한다. 그러나 스프라이트의 방향은 스프라이트 회전에 의한 방향 보기가 기본값으로 되어 있다. 이 때문에 방향보기 값을 바꿀 때 스프라이트의 위아래가 뒤집히는 것을 볼 수 있다. 회전에 의한 방향보기를 바꾸려면 스프라이트 영역의 스프라이트 정보에서 방향을 클릭했을 때 다음과 같은 화면이 나타나며, 이곳에서 회전방식을 팝업되는 창에서 회전방식을 ▶|◀ 로 바꾸어주면 된다.

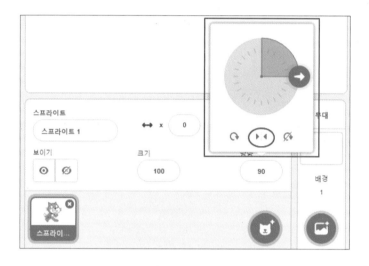

Q 왼쪽 화살표를 눌렀을 때 스프라이트가 왼쪽을 3초간 바라보다 오른쪽을 보고, 오른쪽 화살표를 눌렀을 때 스프라이트가 오른쪽을 1초간 바라보다 왼쪽을 보는 블록 스크립트를 만들어보자.

HINT

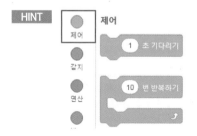

■ '블록 탭-제어'에 기다리는 동작에 사용하는 블록이 있다.

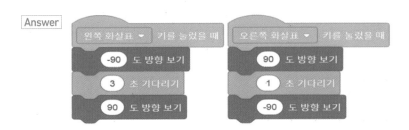

- 스프라이트가 마우스 포인터가 있는 방향을 바라보도록 하거나 또 다른 스프라이트가 있을 경우 해당 스프라이트가 있는 방향을 바라보도록 하는 블록이다.

Q 스페이스바를 누를 때마다 마우스 포인터가 있는 방향을 바라보는 스프라이트를 블록 스크립트로 만들어보자.

Answer

- 현재 위치에서 입력된 X좌표 값만큼 이동(증가 또는 감소)한다.
- 현재의 X좌표 값을 입력된 값으로 바꾼다.

Q 스프라이트를 클릭할 때 해당 스프라이트의 X좌표가 0으로 바뀌고, 1초 대기 후 X 좌표를 10만큼 이동시키는(증가시키는) 블록 스크립트를 만들어보자.

Answer

- 현재 위치에서 입력된 Y좌표 값만큼 이동(증가 또는 감소)한다.
- 현재의 Y좌표 값을 입력된 값으로 바꾼다.

Q 스프라이트를 클릭할 때 해당 스프라이트의 Y좌표가 0으로 바뀌고, 1초 대기 후 Y 좌표를 10만큼 이동시켰다가 다시 1초 대기 후 Y 좌표를 −10만큼 이동시키는(감소시키는) 블록 스크립트를 만들어보자.

Answer

벽에 닿으면 튕기기

- 무대 가장자리에 스프라이트가 닿으면 튕기게 되는 효과(방향전환)가 있다.

Q 스프라이트를 클릭할 때 계속해서(무한) 10만큼 이동하다가 무대 가장자리에 닿으면 튕겨
서 반대 방향으로 이동하는(무한히 10만큼) 동작을 무한히 반복하는 블록 스크립트를 만들
어보자

HINT ■ 무한히 특정 동작을 반복하게 하는 블록은 '블록 탭-제어'에 있다.

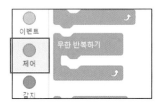

■ 사용방법은 다음과 같다.

■ 위 두 개의 블록을 끼워 맞춰 아래와 같이 사용할 수 있다.

■ 이 블록 스크립트는 10만큼 움직이는 동작을 무한히 반복하라는 의미를 갖
는다.

Answer

> 회전 방식을 [왼쪽-오른쪽 ▼] (으)로 정하기

- 스프라이트의 회전 방식을 결정한다. 스프라이트의 회전 방식은 총 세 가지가 있으며, 각각 회전하기, 회전하지 않기, 왼쪽-오른쪽 방향만 정하기가 있다. 이 블록은 스프라이트 영역의 스프라이트 정보에서 방향을 클릭하면 나타나는 다음 화면에서 볼 수 있는 회전방식의 3가지 방법과 동일하다.

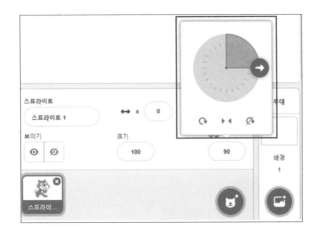

> **Q** 스프라이트를 클릭하면 계속해서(무한) 10만큼 이동하다가 무대 가장자리에 닿으면 튕겨서 반대 방향으로 이동하는(무한히 10만큼) 동작을 무한히 반복한다. 이때, 위쪽 화살표 키를 누르면 스프라이트의 회전 방식이 회전하기로 적용이 되며, 아래쪽 화살표 키를 누르면 스프라이트의 회전 방식이 왼쪽-오른쪽으로 적용되는 블록 스크립트를 만들어 보자.

Answer

```
이 스프라이트를 클릭했을 때
무한 반복하기
    10 만큼 움직이기
벽에 닿으면 튕기기
```

```
위쪽 화살표 ▼ 키를 눌렀을 때
회전 방식을 회전하기 ▼ (으)로 정하기
```

```
아래쪽 화살표 ▼ 키를 눌렀을 때
회전 방식을 왼쪽-오른쪽 ▼ (으)로 정하기
```

- 현재 스프라이트의 X, Y 좌표(정확하게는 스프라이트의 모양중심 좌표) 값과 방향 (각도) 값을 갖고 있는 블록이다.

Q 스프라이트가 클릭될 때 X좌표의 값을 2초 동안 말한 후, Y좌표의 값을 2초 동안 말하며, 이 후 방향값을 2초 동안 말하는 블록 스크립트를 만들어 보자.

HINT ▪ 말한다는 것은 실제로 음성으로 말하는 것이 아니라 만화에서 자주 보게 되는 말풍선을 이용한 말하기 효과를 의미하는 것이다. 해당 효과는 '블록 탭-형태'에 말하기에 사용하는 블록이 있다.

▪ 이 두 개의 블록을 다음과 같이 끼워 맞춰 사용할 수 있다.

Answer

별이 이동하며 오각형 그리기

밤하늘의 별을 이동시켜 오각형을 그려보자.

⚙️ 동작과정

밤하늘에 별 하나가 움직이면서 오각형을 그린 후, 별이 반짝거릴 수 있도록 표현하려고 한다. 스크래치의 어떤 블록을 이용해서 표현해야 할까?

⚙ **Checklist**

스프라이트	세부 동작

Star2	스페이스 키 를 눌렀을 때
	• 모두 지우기
	• x: 0, y: 125로 이동하기
	• 크기를 100%로 정하기
	• 펜 색깔을 ⬜ 으로 정하기
	• 펜 내리기
	• 1초 동안 x: 150, y: 30로 이동하기
	• 1초 동안 x:100, y: −120로 이동하기
	• 1초 동안 x: −100, y: −120로 이동하기
	• 1초 동안 x: −150, y: 30로 이동하기
	• 1초 동안 x: 0, y: 125로 이동하기
	• 다음을 무한 반복하기
	  ▸ 보이기
	  ▸ 0.3초 기다리기
	  ▸ 숨기기

배경	배경 저장소 : **[stars]**

새로운 블록	펜	[모두 지우기]	'**지우기**' 블록은 스테이지(무대)에 남아있는 모든 펜 자국 또는 스탬프 자국을 지우는 블록이다.
		[펜 색깔을 ● (으)로 정하기]	펜 색깔을 사각형 안의 색깔로 정하게 하는 블록이다.
		[펜 내리기] [펜 올리기]	'**펜 내리기**' 블록은 스프라이트 펜이스테이지 (무대)에 내려앉도록 하여 스프라이트의 이동이 그대로 펜의 그리는 동작으로 반영되도록 하는 블록이다. '**펜 올리기**' 블록은 그리는 동작을 중단하기 위해서는 펜을 올리는 동작을 하는 펜 올리기 블록을 사용하여 스프라이트 펜이 다시 무대 위에 떠 있는 상태로 만든다.
	제어	[무한 반복하기]	내부의 블록들을 무한히 반복 실행하도록 하는 블록이다.
		[1 초 기다리기]	입력된 값 만큼 대기 이후 다음의 블록들로 진행하도록 하는 블록이다.

우주에서 친구들과 함께 그림 그리기

연습 문제

우주에서 친구들과 함께 다양한 그림을 그립니다.

⚙ 동작과정

우주소년들이 함께 좌우 방향으로 회전하거나, 모였다가 흩어지기 등 같은 동작을 반복하면서 그림을 그리려고 한다. 스크래치의 어떤 블록을 이용해 표현해야 할까?

{⚙} Checklist

스프라이트	세 부 동 작

Ripley
우주소년
	깃발을 클릭했을 때
	  • 모두 지우기
	  • 펜 올리기
	  • x:0, y: 0으로 이동하기
	  • 90도 방향보기
	  • 다음을 6번 반복하기
	    ▸ 시계방향으로 60도 돌기
	    ▸ 우주소년 복제하기
	  • 다음 동작을 무한반복하기
	    ▸ xylo1 끝까지 재생하기
	
	스페이스 키를 눌렀을 때
	  • 펜 내리기
	  • 다음을 36번 반복하기
	    ▸ 시계방향으로 10도 돌기
	    ▸ 10만큼 움직이기
	
	오른쪽 화살표 키를 눌렀을 때
	  • 시계방향으로 15도 돌기
	
	왼쪽 화살표 키를 눌렀을 때
	  • 반 시계방향으로 15도 돌기
	
	위쪽 화살표 키를 눌렀을 때
	  • 10만큼 움직이기
	
	아래쪽 화살표 키를 눌렀을 때
	  • -10만큼 움직이기

배경	모양 새로 그리기로 배경 그리기
새로운 블록	제어	나 자신 ▾ 복제하기	이 블록에 연결된 원본(또는 다른 스프라이트)을 선택하여 복제하는 블록이다.
		까지 반복하기	안의 조건이 맞을 때 까지 (참이 될 때까지) 내부의 블록을 계속 반복하여 실행하도록 하는 블록이다.

2 ● 형태

• 말한다는 것은 실제로 음성으로 말하는 것이 아니라 만화에서 자주 보게 되는 말풍선을 이용한 말하기 효과를 의미하는 것이다. 즉, 이 블록은 스프라이트가 말풍선을 통해 안녕! 또는 사용자가 입력한 문자를 특정 시간 동안 말하는 동작을 수행한다.

Q 스프라이트가 클릭될 때, '안녕하세요!'를 1초 동안 말하고, 1초 대기하는 동작을 3회 반복('안녕하세요!'를 3회 말하기)하는 블록 스크립트를 만들어보자.

HINT • 정해진 횟수만큼 특정 동작을 반복하게 하는 블록은 '블록 탭−제어'에 있다.

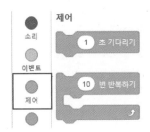

Answer

• 스프라이트가 말풍선을 통해 안녕! 또는 사용자가 입력한 문자를 말하는 동작을 수행하며 동작이 종료되어도 말풍선은 그대로 남아 있다. 말풍선을 제거하고 싶다면 이 블록의 내용을 아무것도 입력하지 않은 상태로 다시 동작을 수행하면 된다.

Q 스프라이트가 클릭될 때, '안녕하세요!'를 1초 동안 말하고, 1초 대기하는 동작을 3회 반복 ('안녕하세요!'를 3회 말하기)하는 블록 스크립트를 만들어보자.

Answer

- 생각한다는 것은 실제로 생각하는 것이 아니라 만화에서 자주 보게 되는 생각 풍선을 이용한 생각하는 동작을 보여주는 효과를 의미하는 것이다. 즉, 이 블록은 스프라이트가 생각 풍선을 통해 '음…' 또는 사용자가 입력한 문자를 특정 시간 동안 생각 풍선을 통해 표시하는 동작을 수행한다.

> **Q** 스프라이트가 클릭될 때, '생각중…'를 1초 동안 생각 풍선으로 표시하고, 1초 대기하는 동작을 3회 반복('생각중…'을 3회 반복 표시하기)하는 블록 스크립트를 만들어보자.

Answer

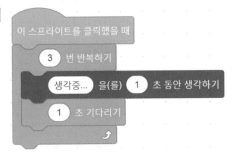

* 스프라이트가 생각 풍선을 통해 '음...' 또는 사용자가 입력한 문자를 표시하는 동작을 수행하며 동작이 종료되어도 생각 풍선은 그대로 남아 있다. 생각 풍선을 제거하고 싶다면 이 블록의 내용을 아무것도 입력하지 않은 상태로 다시 동작을 수행하면 된다.

Q 스프라이트가 클릭될 때, '생각중...'을 1초 동안 표시하고, 1초 대기하는 동작을 3회 반복('생각중...'을 3회 생각 풍선으로 표시하기)하는 블록 스크립트를 만들어보자.

Answer

- 스프라이트의 모양을 바꾸는 동작을 수행하는 블록이다. 이 블록은 해당 스프라이트가 아래의 그림과 같이 2개 이상의 모양을 갖추고 있을 때 사용하며, '모양 탭'에서 확인할 수 있다.

Q 스프라이트를 클릭할 때, 스프라이트의 모양을 1초 간격으로 무한히 바꾸는 블록 스크립트를 만들어보자.

Answer

다음 모양으로 바꾸기

- 스프라이트의 모양을 다음 순서의 모양으로 바꾸는 블록이다. 2개 이상의 모양이 있을 경우 현재 모양 다음 순서의 모양으로 바꾸며, 마지막 순서의 모양일 경우 첫 모양으로 바꾼다.

Q 스프라이트를 클릭할 때, 스프라이트의 모양을 1초 간격으로 무한히 바꾸는 블록 스크립트를 만들어보자.

Answer

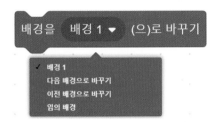

- 배경을 다른 배경으로 바꿀 때 사용하는 블록이다. 이 블록의 동작을 위해서는 2개 이상의 배경이 필요하며 아래의 그림과 같이 스크래치에서 제공하는 다른 배경을 추가하거나 사용자가 원하는 배경을 편집, 저장하여 사용할 수 있다. 여기서는 저장소에서 배경 'blue sky'를 선택하였다.

Step 1 저장소에서 배경 고르기 아이콘을 클릭한다.

Step 2 배경 저장소에 있는 이미지들 중 'blue sky' 이미지를 선택한다.

Step 3 배경 탭에 기존의 배경1 배경 하단에 blue sky 배경이 추가된 것을 확인할 수 있다.

Q 스프라이트가 클릭될 때, 현재 배경을 다음 배경으로 1초 간격을 두고 무한히 바꾸는 블록 스 크립트를 만들어보자.

Answer

```
이 스프라이트를 클릭했을 때
무한 반복하기
    배경을   다음 배경으로 바꾸기 ▼   (으)로 바꾸기
         1   초 기다리기
```

- 2개 이상의 배경이 있을 때, 다음 배경으로 바꿀 때 사용하는 블록이다.

Q 스프라이트를 클릭했을 때, 현재 배경을 다음 배경으로 바꾸는 블록 스크립트를 만들어보자.

Answer

- 스프라이트의 크기를 입력값만큼 조절(확대/축소)하는 블록이다.

Q 위쪽 화살표 키를 누르고 있을 때에는 스프라이트의 크기가 증가(입력값은 10)하며, 아래쪽 화살표를 누르고 있을 때에는 스프라이트의 크기가 감소(입력값은 −10)하는 블록 스크립트 를 만들어보자.

Answer

● 스프라이트의 크기를 비율로 조절하는 블록이며 100%는 기본 크기가 된다.

Q 위쪽 화살표 키를 누르고 있을 때에는 스프라이트의 크기가 증가(입력값은 10)하며, 아래쪽 화살표를 누르고 있을 때에는 스프라이트의 크기가 감소(입력값은 −10)한다. 스페이스바를 누르면 원래의 크기로 되돌아오는 블록 스크립트를 만들어보자.

Answer

- 그래픽 효과를 입력된 값 만큼 바꾸는(증가 또는 감소) 블록이다. 그래픽 효과에는 색깔, 어안 렌즈, 소용돌이, 픽셀화, 모자이크, 밝기, 반투명이 있다. 입력값은 양수 또는 음수가 입력된다.

Q 스프라이트를 클릭하면 스프라이트의 색깔이 자연스럽게 계속 변하는(입력값이 1) 블록 스크립트를 만들어보자.

Answer

- 그래픽 효과를 입력된 값으로 정하는 블록이다.

Q 스프라이트를 클릭하면 스프라이트의 색깔이 자연스럽게 계속(무한반복) 변하며(입력값이 1), 스페이스바를 누르고 있는 동안에는 색깔이 고정되어 변하지 않는 블록 스크립트를 만들 어보자.

Answer

그래픽 효과 지우기

- 기존에 적용되어 있던 그래픽 효과를 원래 상태로 초기화하는 블록이다.

> **Q** 스프라이트를 클릭할 때 스프라이트에 픽셀화 효과가 적용되어 계속(무한반복) 변하며(입력값이 1) 스페이스바를 누르면 원래 상태로 돌아오는 블록 스크립트를 만들어보자.

Answer

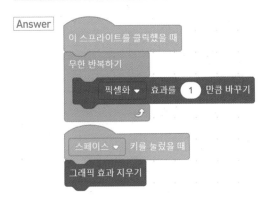

• 무대에서 사라졌던 스프라이트를 다시 나타나게 하거나, 무대에 나타난 스프라이트를 사라지게 하는 동작을 수행하는 블록이다.

> **Q** 스프라이트를 클릭하면 3회, 1초 간격으로 점멸(사라졌다 나타나는)하는 동작을 수행하는 블록 스크립트를 만들어보자.

Answer

- 2개 이상의 스프라이트가 겹쳐있을 경우, 해당 스프라이트를 맨 앞으로 옮기거나, 맨 뒤로 옮기는 블록, 그리고 드롭다운 메뉴에서 선택한대로 해당 값만큼 해당 스프라이트를 다른 스프라이트 뒤로 옮기거나, 다른 스프라이트 앞으로 옮기는 블록이다.

다음의 그림에서 새로운 스프라이트를 추가하여(저장소에서 스프라이트 선택) 블록의 동작을 확인할 수 있다.

Step 1 저장소에서 스프라이트를 선택한다.

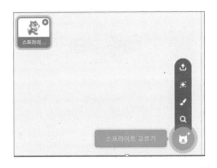

Step 2 무대에 새로운 스프라이트가 추가되며, 두 개의 스프라이트를 겹쳐놓는다.

Step 3 고양이 스프라이트에서 [맨 앞쪽 ▼ 으로 순서 바꾸기] 블럭을 클릭하면 고양이 스프라이트 가 맨 앞으로 옮겨진다.

Q 3개의 스프라이트가 겹쳐있는 상태에서 1개의 스프라이트에 대해 위쪽 화살표를 눌렀을 때는 해당 스프라이트가 1개의 스프라이트 개수만큼 앞으로(다른 스프라이트의 위로) 이동하고, 아래쪽 화살표를 눌렀을 때는 해당 스프라이트가 1개의 스프라이트 개수만큼 뒤로(다른 스프라이트의 밑으로) 이동하며, 스페이스바를 눌렀을 때는 맨 앞으로 해당 스프라이트가 이동하는 블록 스크립트를 만들어보자.

Answer

- 현재 스프라이트의 모양에 할당된 번호값과 무대의 배경이름 값, 그리고 스프라이트 의 현재 크기에 대한 값을 갖고 있는 블록이다.

> **Q** 스프라이트를 클릭하면 해당 스프라이트의 모양 번호를 다음과 같이 '제 모양 번호는 ??입니 다.'를 2초 동안 말한 후, 배경 이름을 다음과 같이 '배경 이름은 ??입니다.'를 2초 동안 말하 며, 이후 스프라이트의 크기 값을 다음과 같이 '제 크기는 ??입니다.'를 2초 동안 말하는 블 록 스크립트를 만들어 보자.

HINT

- `안녕! 을(를) 2 초 동안 말하기` 블록만으로는 '제 모양 번호는 ??입니다.' 문장을 완성할 수 없다. '제 모양 번호는', `모양 번호 ▼`, '입니다.'의 3개로 분해하여 조합해야 한다.

- 말하는 내용과 값을 가지고 있는 블록을 조합할 수 있는 블록이 '스크립트- 연산'에 있다.

- `apple 와(과) banana 결합하기` 블록은 문장과 문장 또는 값을 연결하여 표시하는데 사용되는 블록이며, `제 모양번호는 와(과) 모양 번호 ▼ 결합하기` 와 같이 결합이 가능하다.

`와(과) 입니다. 결합하기` 블록과 합치면,

`제 모양번호는 와(과) 모양 번호 ▼ 결합하기 와(과) 입니다. 결합하기` 블록을 만들 수 있다.

여기에 `안녕! 을(를) 2 초 동안 말하기` 블록을 조합하면,

`제 모양번호는 와(과) 모양 번호 ▼ 결합하기 와(과) 입니다. 결합하기 을(를) 2 초 동안 말하기` 블록이 만들어진다.

Answer

이 스프라이트를 클릭했을 때
제 모양번호는 와(과) 모양 번호 ▼ 결합하기 와(과) 입니다. 결합하기 을(를) 2 초 동안 말하기
배경 이름은 와(과) 배경 이름 ▼ 결합하기 와(과) 입니다. 결합하기 을(를) 2 초 동안 말하기
제 크기는 와(과) 크기 결합하기 와(과) 입니다. 결합하기 을(를) 2 초 동안 말하기

공 튕기며 색상 바꾸기

공이 벽에 닿으면 튕기고 다음 모양으로 바뀔 수 있도록 표현해보자.

동작과정

공이 벽에 닿아 튕길 때마다 다음 모양으로 바뀌게 하려고 한다. 스크래치의 어떤 블록을 이용해서 표현해야 할까?

Checklist

스프라이트	세 부 동 작

Ball	**깃발 클릭했을 때**
	• 45도 방향보기
	• 다음동작을 무한반복하기
	  ▸ 10만큼 움직이기
	    – 만약 벽에 닿았는가? 라면
	      ▷ 벽에 닿으면 튕기기
	      ▷ 다음 모양으로 바꾸기

배경	배경 저장소 : [Stripes]

닭과 병아리 숨박꼭질 하기

닭과 병아리가 함께 숨박꼭질 하도록 표현해보자.

⚙️ 동작과정

닭과 병아리가 빠르게 보였다가 사라진다. 숨박꼭질하는 닭과 병아리가 선택되면 모양이 바뀌게 된다. 스크래치의 어떤 블록을 이용해서 표현해야 할까?

⚙ Checklist

스프라이트	세부동작

Hen	**깃발**을 클릭했을 때
	• 모양을 닭1로 바꾸기
	• 다음동작을 무한반복하기
	  ▸ 랜덤 위치로 이동하기
	  ▸ y좌표를 y좌표가 120보다 작다 로 정하기
	  ▸ 숨기기
	  ▸ 1부터 5 사이의 난수 초 기다리기
	  ▸ 보이기
	  ▸ 1초 기다리기
	
	이 스프라이트를 클릭했을 때
	• 모양을 닭2로 바꾸기
	• 1초 기다리기
	• 모양을 닭1로 바꾸기
	• 0.2초 기다리기

Chick	**깃발**을 클릭했을 때
	• 다음동작을 무한반복하기
	  ▸ 랜덤 위치로 이동하기
	  ▸ y좌표를 y좌표가 120보다 작다로 정하기
	  ▸ 숨기기
	  ▸ 1부터 5 사이의 난수 초 기다리기
	  ▸ 보이기
	  ▸ 2초 기다리기
	
	이 스프라이트를 클릭했을 때
	• squawk 재생하기
	• You found me!를 2초 동안 말하기

배경	배경 저장소 : **[back_Image_a]**

새로운 블록	연산	`< 50`	첫 번째 입력값이 두 번째 입력 값보다 작을 경우는 참(true)
		`1 부터 10 사이의 난수`	입력 값 범위의 숫자들 중 임의의 값을 갖는 블록이다.

3 소리

- 음원을 재생하는 블록이다. 음원 재생하기 블록과 음원 끝까지 재생하기 블록은 단일 블록만 사용하는 경우는 음원 재생에 차이점이 없으나 다른 블록과 연계하여 실행할 경우 차이점이 있다. 음원 재생하기 블록은 음원이 끝까지 재생되는 것을 기다리지 않고 다음 블록을 실행한다. 이와 달리 음원 끝까지 재생하기 블록은 해당 음원의 재생이 끝날 때까지 다음 블록을 실행하지 않는다.

Q 스프라이트가 클릭될 때 야옹 음원을 재생함과 동시에 20만큼 움직이며, 이후 2초를 기다린 다음 야옹 음원을 재생 후 30만큼 움직이는 블록 스크립트를 만들어보자.

Answer

이 스프라이트를 클릭했을 때
야옹 ▾ 재생하기
20 만큼 움직이기
2 초 기다리기
야옹 ▾ 끝까지 재생하기
30 만큼 움직이기

모든 소리 끄기

- 현재 재생되고 있는 모든 소리를 끄는 동작을 하는 블록이다.

Q 스프라이트를 클릭하면 야옹 음원이 재생되며, 음원 재생 도중 스페이스바를 누르면 소리를 끄는 블록 스크립트를 만들어보자.

Answer

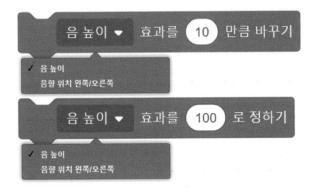

- 현재 재생되고 있는 음원의 효과를 설정한다. 음높이 효과는 해당 값에 따라 음높이를 설정한다. 양수 값은 음높이가 높고 음수 값은 음높이가 낮아진다.

  (참고 : 10만큼 바꾸면 반음이 올라간다. 따라서 전체 옥타브로 올라가려면 옥타브에 12개의 하프 스텝이 있으므로 120으로 음높이 효과를 설정해야 한다.)

- 음향위치 효과는 효과의 값에 따라 오디오를 왼쪽 또는 오른쪽 출력 트랙 쪽으로 이동시킨다. 양수 값은 오디오를 오른쪽으로 이동시키고 음수 값은 오디오를 왼쪽으로 이동시킨다.

> **Q** 스프라이트를 클릭하면 12번 반복해서 야옹 음원이 재생되며, 1초씩 기다렸다가 반복될 때마다 음높이 가 10씩 바뀌는 블록 스크립트를 만들어보자.

Answer

이 스프라이트를 클릭했을 때
12 번 반복하기
  야옹 ▼ 재생하기
  음 높이 ▼ 효과를 10 만큼 바꾸기
  1 초 기다리기

소리 효과 지우기

- 재생되는 모든 사운드 효과가 중지되는 동작을 하는 블록이다.

Q 스프라이트를 클릭하면 6번 반복해서 야옹 음원이 재생되며, 1초씩 기다렸다가 반복될 때마다 음높이가 10씩 바뀐다. 6번 반복 후, 소리효과를 지우고, 다시 반복해서 음높이를 바꾸는 블록 스크립트를 만들어보자.

Answer

• 음량은 초기 100으로 설정되어 있으며, 입력한 값에 의해 음량을 0부터 100 사이의 값들 중에서 증가 또는 감소하게 하는 블록이다.

> **Q** 스프라이트가 클릭될 때 야옹 음원을 재생 후 음량을 −20만큼 바꾸는 동작을 5번 반복하여 실행하는 블록 스크립트를 만들어보자.

Answer

• 음량을 0부터 100% 사이의 값으로 설정하는 블록이다.

Q 스프라이트가 클릭될 때 음량이 100%인 상태에서 야옹 음원을 재생 후 음량을 −30만큼 바꾸는 동작을 3번 반복하여 실행 후, 다시 음량을 100%로 정하고 이후 야옹 음원을 재생 후 음량을 −30만큼 바꾸는 동작을 다시 3번 반복하여 실행하는 블록 스크립트를 만들어보자.

Answer

• '음량' 블록은 현재 설정된 음량 값을 보관하고 있는 블록이며 초기값은 100으로 설정되어 있다.

> **Q** 스프라이트가 클릭될 때 음량이 100%인 상태에서 현재 음량을 말하고 야옹 음원을 재생 후 음량을 −30만큼 바꾸는 동작을 3번 반복하여 실행하는 블록 스크립트를 만들어보자.

Answer

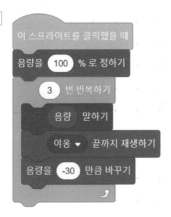

4 🎵 **음악**

스크래치 3.0은 기존 2.0 버전에서 제공했던 소리 항목의 MIDI 사운드 블록을 '확장기능'의 음악 블록으로 분리했다. 본 교재에서는 기존 2.0 버전 사용자의 혼란을 막고, 유사성을 갖는 블록을 한꺼번에 설명하기 위해, 소리 항목 파트에 이어서 확장기능의 음악블록을 같이 설명하기로 한다.

확장 기능 추가하기를 클릭하면, 다음 그림과 같이 여러 가지 추가기능들을 확인할 수 있다.

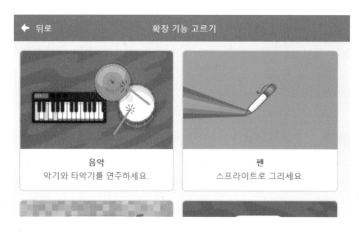

음악블록을 선택하면 다음과 같이 나만의 블록 아래에 음악 항목이 생성되면서 블록이 추가된다.

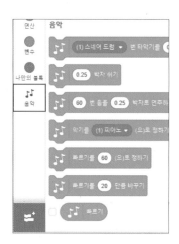

- 1번–18번까지의 타악기를 선택 가능하며, 박자를 정하여 연주할 수 있게 하는 블록이다.

Q 스프라이트를 클릭하면 2번 타악기를 0.5박자, 1번 타악기를 0.5박자로 무한히 반복 연주하는 블록 스크립트를 만들어보자.

Answer

이 스프라이트를 클릭했을 때

무한 반복하기

    (2) 베이스 드럼 ▼ 번 타악기를 0.5 박자로 연주하기

    (1) 스네어 드럼 ▼ 번 타악기를 0.5 박자로 연주하기

- 현재 연주 중인 악기를 입력값에 해당하는 박자 동안 연주를 쉬게 하는 블록이다.

> **Q** 스프라이트를 클릭하면 2번 타악기를 0.5박자로 연주 후 0.25박자를 쉬는 동작을 4번 반복
> 하며, 이후 1번 타악기를 0.5박자로 연주 후 0.25박자를 쉬는 동작을 4번 반복하는 블록 스
> 크립트를 만들어보자.

Answer

이 스프라이트를 클릭했을 때

4 번 반복하기

　(2) 베이스 드럼 ▾ 번 타악기를 0.5 박자로 연주하기

　0.25 박자 쉬기

4 번 반복하기

　(1) 스네어 드럼 ▾ 번 타악기를 0.5 박자로 연주하기

　0.25 박자 쉬기

- 다음 그림과 같이 피아노의 낮은 C(0번)부터 높은 Bb(130번) 까지의 음을 선택 가능하며, 박자를 정하여 연주할 수 있게 하는 블록이다.

> **Q** 스프라이트를 클릭하면 60, 62, 64, 65, 67번 음을 각각 0.25박자로 3회 반복 연주하는 블록 스크립트를 만들어보자.

Answer

- 연주할 악기를 1번부터 21번까지 선택하여 정하도록 하는 블록이다. 선택할 수 있는 악기는 다음과 같다.

Q 스프라이트를 클릭하면 연주할 악기를 8번 악기로 정한 후, 60번 음을 0.25 박자로 3번 반복 연주한다. 이후 0.5박자를 쉰 후 연주할 악기를 1번 악기로 정하고, 60번 음을 0.25박자로 3회 반복 연주하는 블록 스크립트를 만들어보자.

Answer

이 스프라이트를 클릭했을 때
악기를 (8) 첼로 ▼ (으)로 정하기
3 번 반복하기
60 번 음을 0.25 박자로 연주하기
0.5 박자 쉬기
악기를 (1) 피아노 ▼ (으)로 정하기
3 번 반복하기
60 번 음을 0.25 박자로 연주하기

- 분당 비트수 값을 입력값으로 정하는 블록이다.

> **Q** 스프라이트가 클릭될 때 빠르기를 60으로 정하고 1번 타악기를 0.5 박자로 연주하는 동작을
> 3번 반복하여 실행한 후, 다시 빠르기를 120으로 정하고 1번 타악기를 0.5 박자로 연주하는
> 동작을 3번 반복하여 실행하는 블록 스크립트를 만들어보자.

Answer

빠르기를 20 만큼 바꾸기

• 20부터 500 사이의 분당 비트수(bpm) 값을 더하거나 빼어(양수 또는 음수 입력) 빠르게 하거나 느리게 하는 블록이다.

Q 스프라이트가 클릭될 때 빠르기를 60만큼 바꾼 후 60번 음을 0.5 박자, 62번 음을 0.5박자, 64번 음을 0.5박자로 연주하는 동작을 3번 반복하여 실행한 후, 다시 빠르기를 −60만큼 바꾼 후 다시 60번 음을 0.5 박자, 62번 음을 0.5박자, 64번 음을 0.5박자로 연주하는 동작을 3번 반복하여 실행하는 블록 스크립트를 만들어보자.

Answer

- '박자(빠르기)' 블록은 현재 분당 비트수(bpm) 값을 보관하고 있는 블록이다.

> **Q** 스프라이트를 클릭했을 때 빠르기가 60인 상태에서 현재 빠르기를 말하고 1번 타악기를 0.5 박자로 연주한 후 빠르기를 20만큼 바꾸는 동작을 3번 반복하여 실행하는 블록 스크립트를 만들어보자.

Answer

이 스프라이트를 클릭했을 때
빠르기를 60 (으)로 정하기
3 번 반복하기
　빠르기 말하기
　(1) 스네어 드럼 ▾ 번 타악기를 0.5 박자로 연주하기
　빠르기를 20 만큼 바꾸기

드럼연주 하기

드럼을 클릭하면 드럼소리를 내는 프로젝트를 수행해보자.

⚙ 동작과정

무대에 있는 연주가가 "드럼을 클릭하면 소리가 나요"라고 말하고, 각각의 드럼을 클릭하면 소리가 난다. 드럼 소리를 표현하기 위해서 소리 팔레트의 블록을 이용한다.

Exercise

⚙ Checklist

스프라이트	세 부 동 작
singer1	**깃발 클릭했을 때** • 뒤로 3단계 보내기 • x좌표 −15, y좌표 −35로 이동하기 • 크기를 150%로 정하기 • "드럼을 클릭하면 소리가 나요~"를 2초 동안 말하기
drum2	**이 스프라이트를 클릭했을 때** • 크기를 150%로 정하기 • 0.1초 기다리기 • 크기를 100%로 정하기 • 1번 타악기를 0.25박자로 연주하기
drum1	**이 스프라이트를 클릭했을 때** • 크기를 150%로 정하기 • 0.1초 기다리기 • 크기를 100%로 정하기 • 2번 타악기를 0.25박자로 연주하기
drum snare	**이 스프라이트를 클릭했을 때** • 뒤로 1단계 보내기 • 크기를 150%로 정하기 • 0.1초 기다리기 • 크기를 100%로 정하기 • 3번 타악기를 0.25박자로 연주하기
배경	배경 저장소 : **[stage1]**

연습문제 동요 '학교종'을 피아노로 연주하기

동요곡 '학교종'을 피아노로 연주해보자.

⚙️ 동작과정

학교 현관에 보이는 종을 클릭하면 동요곡 '학교종'이 피아노로 연주되게 하려고 한다.
스크래치의 어떤 블록을 이용해서 표현해야 할까?

⚙ Checklist

스프라이트	세부 동작

bells	**이 스프라이트를 클릭했을 때**
	• 다음을 56번 반복하기
	  ▸ 다음 모양으로 바꾸기
	  ▸ 0.2초 기다리기
	
	이 스프라이트를 클릭했을 때
	• 1번 악기로 정하기
	  ▸ 55번 음을 0.5박자로 연주하기
	  ▸ 55번 음을 0.5박자로 연주하기
	  ▸ 57번 음을 0.5박자로 연주하기
	  ▸ 57번 음을 0.5박자로 연주하기
	  ▸ 55번 음을 0.5박자로 연주하기
	  ▸ 55번 음을 0.5박자로 연주하기
	  ▸ 52번 음을 0.5박자로 연주하기
	  ▸ 55번 음을 0.5박자로 연주하기
	  ▸ 55번 음을 0.5박자로 연주하기
	  ▸ 52번 음을 0.5박자로 연주하기
	  ▸ 52번 음을 0.5박자로 연주하기
	  ▸ 50번 음을 0.5박자로 연주하기
	  ▸ 55번 음을 0.5박자로 연주하기
	  ▸ 55번 음을 0.5박자로 연주하기
	  ▸ 57번 음을 0.5박자로 연주하기
	  ▸ 57번 음을 0.5박자로 연주하기
	  ▸ 55번 음을 0.5박자로 연주하기
	  ▸ 55번 음을 0.5박자로 연주하기
	  ▸ 52번 음을 0.5박자로 연주하기
	  ▸ 55번 음을 0.5박자로 연주하기
	  ▸ 52번 음을 0.5박자로 연주하기
	  ▸ 50번 음을 0.5박자로 연주하기
	  ▸ 52번 음을 0.5박자로 연주하기
	  ▸ 48번 음을 0.5박자로 연주하기

배경	배경 저장소 : **[school1]**

- 스테이지(배경) 좌측 상단의 초록색 깃발을 클릭하면 연결된 블록 스크립트를 실행하도록 하는 블록이다.

- 키보드의 특정 키를 누르면 연결된 블록 스크립트를 실행하도록 하는 블록이다.

- 현재 선택된 스프라이트가 클릭되면 연결된 블록 스크립트를 실행하도록 하는 블록이다.

- 현재의 스테이지 배경이 특정 배경으로 바뀌었을 때 연결된 블록 스크립트를 실행하도록 하는 블록이다.

Q 녹색 깃발을 클릭했을 때 '안녕!'을 1초 동안 말하고, 숫자 3키를 눌렀을 때 '안~~~녕!'을 3초 동안 말하며, 스프라이트를 클릭하면 '배경을 잠시 바꿉니다.'를 2초동 안 생각한 후 배경을 다른 배경으로 바꾸며, 배경이 다른 배경으로 바뀌면 '배경이 바뀌었습니다.'를 2초 동안 말한 후 배경을 다시 원래의 배경으로 바꾸는 블록 스크립트를 만들어보자.

HINT ▪ 배경을 바꾸기 위해서는 우선 바꾸고자 하는 새로운 배경을 추가해야 한다.

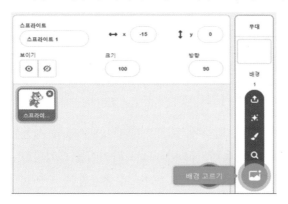

▪ 새로운 배경의 '저장소에서 배경 선택' 항목을 클릭하여 새로운 배경을 선택하자.

Answer

- 음량, 타이머, 비디오 동작이 입력값보다 클 때 연결된 블록 스크립트를 실행하도록
  하는 블록이다.

Q 스프라이트를 클릭하면 '0부터 10까지 숫자를 말합니다.'를 2초동안 말한 후 타이머를 초기
화하고 0부터 10까지 1초 간격으로 타이머 숫자(정수)를 순서대로 말한다. 타이머 값이 10
보다 크면 1초 기다린 후 '숫자를 10까지 말했습니다' 를 2초 동안 말하는 블록 스크립트를
만들어보자.

HINT　▪ 타이머는 '스크립트–감지' 항목에 있으며 `타이머` `타이머 초기화` 를 사용한다. 타이
머는 계속 수가 누적되어 올라가고 있으므로 타이머를 초기화한 후 사용한
다. 초기화된 타이머는 0부터 숫자가 누적되어 증가한다. 타이머 값은 소수
점 이하 3자리까지 표시되므로 정수값만을 표시하기 위해서는 '스크립트–
연산' 항목의 `의 반올림` 블록을 사용한다. 이 블록의 입력값은 소수점 이하
값을 반올림하여 정수형으로 표시한다. `타이머 의 반올림` 하면 정수형 값을 얻을
수 있다.

Answer

이 스프라이트를 클릭했을 때

0부터 10까지 숫자를 말합니다. 을(를) 2 초 동안 말하기

타이머 초기화

11 번 반복하기

타이머 의 반올림 말하기

1 초 기다리기

타이머 ▾ > 10 일 때

1 초 기다리기

숫자를 10까지 말했습니다. 을(를) 2 초 동안 말하기

- '메시지1' 또는 새 메시지를 방송하는 블록과 방송된 메시지를 받았을 때 연결된 블록 스크립트를 실행하도록 하는 블록이다.

- ```메시지1 방송하기``` 와 ```메시지1 방송하고 기다리기``` 의 차이점은 ```메시지1 방송하기``` 의 경우메시지를 받는 쪽의 블록스크립트 실행시간 동안 기다리지 않고 바로 다음 블록을 실행하는 것이며, ```메시지1 방송하고 기다리기``` 는 메시지를 받는 쪽의 블록스크립트 실행시간 동안 기다리고 있다가 메시지를 받는 쪽의 블록스크립트 실행이 종료된 이후 다음 블록을 실행하는 것이다.

> **Q** A, B 두개의 스프라이트 중 A 스프라이트를 클릭하면 '안녕!'을 2초 동안 말하며, 메시지1을 방송하고 기다린다. B 스프라이트는 메시지1을 받았을 때 1초 동안 대기 후 '응 안녕!'을 2초 동안 말한다. 이후 A 스프라이트는 1초 동안 대기 후 '반가워!'를 2초 동안 말하는 블록 스크립트를 만들어보자.

Answer   A 스프라이트 동작   B 스프라이트 동작

생일 케이크에 불 켜기

생일 케이크 초에 불을 켜봅시다.

⚙️ 동작과정

펭귄 생일에 초대된 곰은 펭귄과 함께 즐거운 시간을 보내려고 합니다. 케이크 촛불에 불 켜 달라 부탁하는 펭귄과 곰의 대화, 그리고 케이크 촛불에 불 켜는 순서까지 스크래치의 어떤 블록을 이용해 표현해야 할까?

Exercise

⚙ Checklist

스프라이트	세 부 동 작
Bear2 곰	**깃발**을 클릭했을 때 • 모양을 곰1로 바꾸기 • 펭귄아~ 생일 축하해! 을 2초 동안 말하기 **곰 부르기를 받았을 때** • 0.3초 기다리기 • 모양을 곰2로 바꾸기 • 케이크 부르기 방송하기

Penguin1 Talk
펭귄
	깃발을 클릭했을 때
	• 모양을 펭귄1로 바꾸기
	• 2초 기다리기
	• 고마워! 곰아~ 케이크에 불 켜줄래? 을 2초 동안 말하기
	• 곰 부르기 방송하기
	
	펭귄 부르기를 받았을 때
	• 1초 기다리기
	• 다음을 무한 반복하기
	  ▸ 모양을 펭귄2로 바꾸기
	  ▸ 와~아 신난다!! 말하기

Cake 케이크	**깃발**을 클릭했을 때 • 모양을 케이크1로 바꾸기 **케이크 부르기를 받았을 때** • 0.5초 기다리기 • 모양을 케이크2로 바꾸기 • 펭귄 부르기 방송하기
배경	배경 저장소 : **[tree-gifts]**

야구소녀 타격 연습하기

야구소녀의 타격 연습 상황을 표현해봅시다.

⚙ 동작과정

야구장에 야구소녀가 열심히 타격 연습 중이다. 야구공이 야구소녀를 향해 날아올 때 야구 방망이를 휘둘러 공을 맞히려 한다. 스크래치의 어떤 블록을 이용해 표현해야 할까?

⚙ Checklist

스프라이트	세부 동작
Baseball (야구공)	**깃발**을 클릭했을 때 • x: −240, y: −40로 이동하기 • 90도 방향 보기 • 1초 동안 x: 67, y: −40으로 움직이기 **스페이스키**를 눌렀을 때 • 야구소녀 부르기 방송하기 **공 부르기**를 받았을 때 • −90도 방향보기 • 0.2초 동안 x: −240, y: −40으로 움직이기 • 숨기기 • 0.5초 기다리기 • 보이기 • 90도 방향보기 • 0.5초 동안 x: 67, y: −40으로 움직이기
Batter (야구소녀)	**깃발**을 클릭했을 때 • 크기를 120%로 정하기 • 야구소녀1로 바꾸기 • x: 118, y: −64로 이동하기 **야구 소녀 부르기**를 받았을 때 • 모양을 야구소녀2로 바꾸기 • snap 재생하기 • 0.1초 기다리기 • 공 부르기 방송하기 • 모양을 야구소녀1로 바꾸기
배경	배경 저장소 : **[playing-field]**

- 입력된 값 만큼 대기 이후 다음의 블록들로 진행하도록 하는 블록이다.

Q 녹색 깃발을 클릭하면 프로그램이 시작되며, 마우스 포인터가 스프라이트에 닿을 때 마다 스프라이트가 '안녕!'을 1초 동안 말하고 0.5초 기다린 후 '반가워'를 1초 동안 말하는 블록 스크립트를 만들어보자.

HINT ▪ 마우스 포인터에 닿았는지 여부를 알 수 있는 블록은 '스크립트-감지'의 `마우스 포인터 ▾ 에 닿았는가?` 블록을 사용한다. 그리고 이 블록과 함께 '스크립트-제어'의 `만약     (이)라면` 블록을 사용하여 '스프라이트가 만약 마우스 포인터에 닿았다면' 이라는 조건 블록 `만약  마우스 포인터 ▾ 에 닿았는가?  (이)라면` 을 만들 수 있다.

'마우스 포인터가 스프라이트에 닿을 때 마다' 라는 조건은 일회성이 아닌 언제 발생할지 모르는 다회 발생 가능한 조건이므로 지속적인 감지가 필요하다. 그러므로 `무한 반복하기` 블록의 조합이 필요하다.

Answer

```
클릭했을 때
무한 반복하기
  만약 < 마우스 포인터 ▾ 에 닿았는가? > (이)라면
    안녕! 을(를) 1 초 동안 말하기
    0.5 초 기다리기
    반가워! 을(를) 1 초 동안 말하기
```

- 내부의 블록들을 입력된 값 만큼의 회수로 반복 실행하도록 하는 블록이다.

- 내부의 블록들을 무한히 반복 실행하도록 하는 블록이다.

Q 녹색 깃발을 클릭하면 프로그램이 시작되며, 마우스 포인터가 스프라이트에 닿을 때 마다 스프라이트가 '안녕!'을 0.5초 동안 말하고 '반가워'를 0.5초 동안 말하는 동작을 3회 반복하는 블록 스크립트를 만들어보자.

Answer

```
🏴 클릭했을 때
무한 반복하기
  만약 < 마우스 포인터 ▼ 에 닿았는가? > (이)라면
    3 번 반복하기
      안녕! 을(를) 0.5 초 동안 말하기
      반가워! 을(를) 0.5 초 동안 말하기
```

- 만약 ⬡ 안에 들어가는 블록의 내용이 맞다면(참이면) 내부의 블록을 실행하고, 그렇지 않으면 내부의 블록을 실행하지 않도록 하는 블록이다.

Q 녹색 깃발을 클릭하면 프로그램이 시작되며, 위쪽, 아래쪽, 왼쪽, 오른쪽 화살표를 누를 때 마다 스프라이트가 해당 방향으로 10만큼 움직이는 블록 스크립트를 만들어보자.

HINT - 스프라이트를 원하는 방향으로 이동하게하려면 '스크립트-동작'의

`90 도 방향 보기` 블록을 이용한다.

예를 들어 스프라이트를 위쪽 방향으로 10만큼 이동하게 하려면

 의 형태로 블록을 조합하며, 아래쪽 방향으로 10만큼

이동하게 하려면 `180 도 방향 보기` `10 만큼 움직이기` 의 형태로 블록을 조합하면 된다.

- 만약  안에 들어가는 블록의 내용이 맞다면(참이면) '만약 (이)라면' 하단 내부의 블록을 실행하고, 그렇지 않으면 '만약 (이)라면' 하단 내부의 블록을 실행하지 않고 '아니면' 하단 내부의 블록을 실행하도록 하는 블록이다.

Q 녹색 깃발을 클릭하면 프로그램이 시작되며, 위쪽, 아래쪽, 왼쪽, 오른쪽 화살표를 누를 때 마다 스프라이트가 해당 방향으로 10만큼 움직이는 블록 스크립트를 만들어보자.

Answer

```
클릭했을 때
무한 반복하기
  만약  위쪽 화살표 ▼ 키를 눌렀는가?  (이)라면
    0 도 방향 보기
    10 만큼 움직이기
  아니면
    만약  아래쪽 화살표 ▼ 키를 눌렀는가?  (이)라면
      180 도 방향 보기
      10 만큼 움직이기
    아니면
      만약  왼쪽 화살표 ▼ 키를 눌렀는가?  (이)라면
        -90 도 방향 보기
        10 만큼 움직이기
      아니면
        만약  오른쪽 화살표 ▼ 키를 눌렀는가?  (이)라면
          90 도 방향 보기
          10 만큼 움직이기
```

- 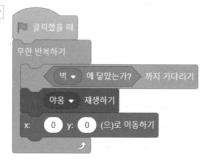 안의 조건이 맞을 때 까지 (참이 될 때까지) 기다렸다가 다음의 블록들을 실행한다.

> **Q** 녹색 깃발을 클릭하면 프로그램이 시작되며, 해당 스프라이트를 마우스 포인터로 끌어다 스테이지(배경) 가장자리로 갖다 놓을 때 마다 임의의 음원 재생과 함께 x좌표 0, y좌표 0의 위치로 이동하는 블록 스크립트를 만들어보자.

Answer

-  안의 조건이 맞을 때 까지 (참이 될 때까지) 내부의 블록을 계속 반복하여 실행하도록 하는 블록이다.

Q 녹색 깃발을 클릭하면 프로그램이 시작되며, 스페이스 키를 누르기 전까지는 스프라이트의 위치가 임의로 반복해서 계속 바뀌는 블록 스크립트를 만들어보자.

HINT · 스프라이트의 위치값을 임의의 값을 입력하기 위해서 '스크립트-연산'의 블록을 `1 부터 10 사이의 난수` 이용한다.

이 블록의 값을 x, y좌표의 임의의 값을 입력하기 위해 x좌표의 경우 `-240 부터 240 사이의 난수` 를, y좌표의 경우 `-180 부터 180 사이의 난수` 를 입력하면, 해당 값의 범위에서 임의의 값이 매번 다르게 선택된다.

이 블록을 `x: 0 y: 0 (으)로 이동하기` 블록과 조합하면,

`x: -240 부터 240 사이의 난수 y: -180 부터 180 사이의 난수 (으)로 이동하기` 와 같이 만들 수 있다.

Answer

- 모든 동작(모든 스크립트, 이 스크립트 또는 스프라이트의 다른 스크립트)을 멈추게 하는 블록이다.

Q 녹색 깃발을 클릭하면 프로그램이 시작되며, 스프라이트의 위치가 임의로 반복해서 계속 바뀌다가 스페이스 키를 누르면 모든 동작을 멈추는 블록 스크립트를 만들어보자.

Answer

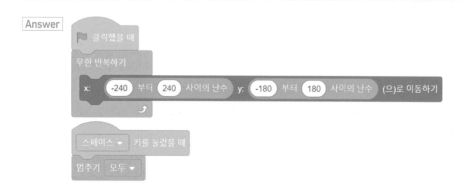

복제되었을 때

- 복제본이 생성되었을 때 해당 복제본에 연결된 블록 스크립트를 실행하도록 하는 블록이다.

나 자신 ▾ 복제하기

- 이 블록에 연결된 원본(또는 다른 스프라이트)을 선택하여 복제하는 블록이다.

이 복제본 삭제하기

- 복제본을 삭제하는 블록이다.

Q 녹색 깃발을 클릭하면 프로그램이 시작되며, 스프라이트의 위치가 1초 간격으로 임의로 반복해서 계속 바뀌다가 스페이스 키를 누르면 해당 스프라이트를 복제하고 '원본'이라고 말하며, 복제된 스프라이트는 '복제본'이라고 2초 동안 말한 후 삭제되는 블록 스크립트를 만들어보자.

Answer

클릭했을 때
무한 반복하기
x: -240 부터 240 사이의 난수 y: -180 부터 180 사이의 난수 (으)로 이동하기
1 초 기다리기

스페이스 ▾ 키를 눌렀을 때
나 자신 ▾ 복제하기
원본 말하기

복제되었을 때
복제본 을(를) 2 초 동안 말하기
이 복제본 삭제하기

Exercise

  간식 먹는 생쥐 쫓는 고양이

쫓아다니는 고양이를 피해가며 간식 먹는 생쥐를 표현해보자.

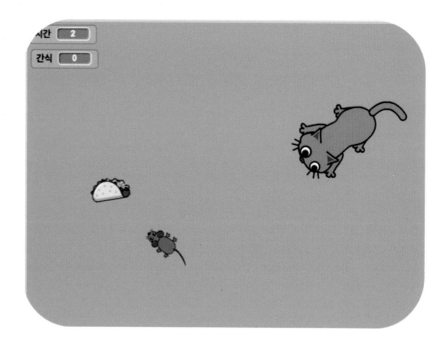

⚙ 동작과정

생쥐가 고양이를 피해 간식을 먹으면 간식 점수가 올라가고, 간식을 향해 이동하는 생쥐를 쫓는 고양이는 빠른 시간 안에 생쥐를 잡고 싶어 한다. 스크래치의 어떤 블록을 이용해서 표현해야 할까?

⚙ Checklist

스프라이트	세부 동작

Mouse1	**깃발을 클릭했을 때**
	• x: 0 y: 0로 이동하기
	• 크기를 50%로 정하기
	• 다음을 무한 반복하기
	  ▸ 마우스포인터 쪽 보기
	  ▸ 마우스포인터 위치로 이동하기
	  ▸ 만약 고양이에 닿았는가? 라면
	    – 잡힘 방송하기
	
	• 보이기
	
	잡힘을 받았을 때
	• 숨기기

Cat2	**깃발을 클릭했을 때**
	• x: –240 y: 180로 이동하기
	• 모양을 고양이1로 바꾸기
	• 생쥐에 닿을 때까지 반복하기
	  ▸ 생쥐 쪽 보기
	  ▸ 0.5쪽 동안 x: 생쥐의 x좌표, y: 생쥐의 y좌표로 움직이기
	
	• 크기를 100%로 정하기
	• 1초 기다리기
	
	깃발을 클릭했을 때
	• 시간변수를 0으로 정하기
	  ▸ 시간을 1만큼 바꾸기
	  ▸ 1초 기다리기
	
	• 무한 반복하기
	
	잡힘을 받았을 때
	• 모양을 고양이2로 바꾸기
	• 1초 기다리기
	• 이 스프라이트에 있는 다른 스크립트 멈추기
	
	• 시간 말하기

Taco	**깃발을 클릭했을 때**
	• 간식 변수를 0으로 정하기
	• 다음을 무한 반복하기
	• 만약 생쥐에 닿았는가? 라면
	    – 간식 변수를 1만큼 바꾸기
	    – 숨기기
	    – 0.2부터 3사이의 난수 초 기다리기
	    – x: –240부터 200사이의 난수, Y: –180부터 180 사이의 난수로 이동하기
	    – 보이기
	
	• 보이기

배경	배경 저장소 : [blue sky3]
변수	간식: 생쥐가 먹은 간식 개수 저장. 시간: 고양이가 생쥐 잡는데 까지 걸린 시간 저장.

연습문제 헬리콥터가 목이 마른 공룡에게 물 주기

목이 마른 공룡에게 헬리콥터를 이용해 물을 줄 수 있도록 표현해보자.

⚙️ 동작과정

사막에 사는 목이 마른 공룡에게 헬리콥터가 물을 공급해주면 공룡은 크기가 점점 커진다. 물을 뿌려주는 헬리콥터와 물을 먹기 위해 좌우 방향을 향해 바쁘게 이동하는 공룡을 스크래치의 어떤 블록을 이용해 표현해야 할까?

⚙️ Checklist

스프라이트	세부 동작

Daino
	깃발을 클릭했을 때
	• x: -60, Y: -80으로 이동하기 • 크기를 50%로 정하기
	• 모양을 공룡1로 바꾸기
	• 다음동작을 무한 반복하기
	  ▸ 만약 물에 닿았는가? 라면
	    - 모양을 공룡2로 바꾸기
	    - 1초 기다리기
	    - 모양을 공룡1로 바꾸기
	    - 1초 기다리기
	    - 크기를 10만큼 바꾸기
	
	오른쪽 화살표 키를 눌렀을 때
	• 90도 방향을 보고, x좌표를 10만큼 바꾸기
	
	왼쪽 화살표 키를 눌렀을 때
	• -90도 방향을 보고, x좌표를 -10만큼 바꾸기

Helicopter
	깃발을 클릭했을 때
	• x: -200, Y:150으로 이동하기 • Y좌표〈 -90 까지 반복하기
	  ▸ 벽에 닿았는가? 까지 반복하기
	    - 3만큼 움직이기
	    - 다음 모양으로 바꾸기
	  ▸ X좌표를 -200으로 정하기
	  ▸ Y좌표를 -20만큼 바꾸기
	
	깃발을 클릭했을 때
	• 맨 앞쪽으로 순서 바꾸기
	• 공룡아! 물먹어~을 2초 동안 말하기
	• 다음동작을 무한 반복하기
	  ▸ 만약 스페이스 키를 눌렀는가? 라면
	    - 물 복제하기
	    - 1초 기다리기

 water	**깃발을 클릭했을 때** • 숨기기 **복제 되었을 때** • 헬리콥터로 이동하기 • 보이기 • 벽에 닿았는가? 또는 공룡에 닿았는가? 까지 반복하기 ▸ Y좌표를 -3만큼 바꾸기 • 이 복제본 삭제하기
배경	배경 저장소: **[jurassic]**

마우스 포인터나 벽, 특정 색에 닿았는지를 감지했을 때, 참(true)을 결과로 나타내도록 하는 블록이다.

특정 색을 감지하도록 하고 싶을 때 컬러 부분을 마우스 클릭하면 다음과 같은 팝업창 이 뜨면서 원하는 색을 선택할 수 있다.

위 그림의 빨간색으로 표시한 부분을 클릭하면 다음 그림과 같이 스테이지 부분이 강 조되면서 원하는 색을 클릭하여 선택할 수 있다.

Q 우선 새로운 무대를 선택하기 위해 '새로운 배경: 저장소에서 배경 선택' 클릭 후 'hearts2' 배경을 선택한다. 이후, 스프라이트가 마우스 포인터에 닿았다면 '사랑해!'를 말하고, 배경 색 중 진한 핑크색에 닿았다면 '가장자리는 싫어!'를 말하며, 스프라이트의 색깔이 배경색 중 연한 핑크색에 닿았다면 '조금 더 가운데로!'를 말하는 블록 스크립트를 만들어보자.

Answer

```
클릭했을 때
무한 반복하기
    만약  마우스 포인터 ▼ 에 닿았는가?  (이)라면
        사랑해!  말하기

    만약  ⬤  색에 닿았는가?  (이)라면
        가장자리는 싫어!  말하기

    만약  ⬤  색이  ⬤  색에 닿았는가?  (이)라면
        조금 더 가운데로!  말하기
```

MEMO

마우스 포인터 ▾   까지의 거리

- 현재 스프라이트의 모양 중심으로부터 마우스 포인터 까지의 거리 값을 갖는 블록
  이다.

Q 스페이스 키를 누르면 현재 스프라이트와 마우스 포인터 사이의 거리를 실시간으로 계속 말
하는 블록 스크립트를 만들어보자.

Answer

- 사용자에게 질문할 때 사용하는 블록과, 질문에 대한 답(값)을 저장하는 블록이다.

  What's your name? 라고 묻고 기다리기 블록의 입력값은 이 블록 실행시 화면에 말풍선으로

  나타나며, 다음의 그림과 같이 무대 하단에 사용자의 키보드 입력을 기다린다.

- 사용자의 키보드 입력이 끝나면 해당 정보는 대답 블록에 저장된다.

> **Q** 스프라이트를 클릭하면 '당신의 이름을 알려주세요.' 질문을 하며, 대답을 입력하면 1초 기다
> 린 후 '음…'을 2초 동안 생각하고, '당신의 이름은 ooo 이군요!'를 2초 동안 말하는 블록 스
> 크립트를 만들어보자.

Answer

이 스프라이트를 클릭했을 때
당신의 이름을 알려주세요. 라고 묻고 기다리기
1 초 기다리기
음… 을(를) 2 초 동안 생각하기
당신의 이름은 와(과) 대답 와(과) 이군요! 결합하기 결합하기 을(를) 2 초 동안 말하기

- 특정 키나 마우스 클릭 여부를 감지하여 다른 제어 블록과 함께 조합하여 사용하는 블록이다.

Q 스프라이트를 클릭하면 '당신의 이름을 알려주세요.' 질문을 하며, 대답을 입력하면 1초 기다린 후 '음…'을 2초 동안 생각하고, '당신의 이름은 ooo 이군요!'를 2초 동안 말하며, 프로그램 진행 중 어느 때든지 스페이스 키를 누른 것이 감지되면 '스페이스 키를 눌렀으므로 프로그램을 종료합니다.'를 2초 동안 말한 후 프로그램 실행을 모두 멈추며, 또 프로그램 진행 중 어느 때든지 마우스를 클릭한 것이 감지되면 '스페이스 키를 누르면 프로그램을 종료합니다.'를 2초 동안 말하는 블록 스크립트를 만들어보자.

Answer

마우스의 x좌표   마우스의 y좌표   음량

- 현재 마우스의 x좌표(−240부터 240까지), y좌표(−180부터 180까지) 및 마이크 음량 (1부터 100까지) 값을 저장하고 있는 블록이다. 음량 블록의 경우 좌측의 체크박스 를 클릭하면 무대 좌측 상단에 현재 음량 정보 모니터 윈도우가 표시된다.

> **Q** 녹색 깃발을 클릭하면 프로그램이 시작되며, 스프라이트가 실시간으로 마우스 포인터와 같이 움직이면서 현재 마우스 포인터의 x, y좌표를 말하는 블록 스크립트를 만들어보자.

Answer

```
▶ 클릭했을 때
무한 반복하기
    마우스 포인터 ▼ (으)로 이동하기
    x좌표 와(과) 마우스의 x좌표 결합하기 와(과) y좌표 와(과) 마우스의 y좌표 결합하기 결합하기 말하기
```

- 스테이지를 전체화면으로 전환해서 실행할 때, 프로젝트 페이지에서 스프라이트를 마우스로 드래그 할 수 있는가 없는가를 정하는 블록이다.

타이머   타이머 초기화

- 스크래치 만들기 시작 후 누적되는 초단위의 타이머 값을 갖는 블록(녹색 깃발을 클릭하면 타이머가 처음부터 시작한다.) 과 타이머 값을 초기화 하는 블록이다.

> **Q** 스프라이트를 클릭하면 현재 타이머 값을 소수점을 제외하고 '00초'와 같이 계속 말하다가, 스페이스 바를 누르면 '타이머를 초기화합니다.'를 1초간 말하고 타이머를 초기화하여 다시 처음부터 초단위로 계속 말하는 블록 스크립트를 만들어보자.

Answer

이 스프라이트를 클릭했을 때

무한 반복하기

    타이머 의 반올림 와(과) 초 결합하기 말하기

    만약 스페이스 ▼ 키를 눌렀는가? (이)라면

        타이머를 초기화합니다. 을(를) 2 초 동안 말하기

    타이머 초기화

- 스프라이트 또는 무대의 좌표나 방향, 모양정보 등을 갖는 블록이다.

- 현재의 년, 월, 일 들의 정보를 갖는 블록이다.

2000년 이후 현재까지 날짜 수

- 서기 2000년 이후 지나온 날짜의 수 정보를 갖는 블록이다.

사용자 이름

- 현재 로그인한 계정 아이디값을 갖는 블록이다.

Q 녹색 깃발을 클릭했을 째 프로그램이 시작되며, 스프라이트가 실시간으로 ' "사용자이름" 님 00 초 지났습니다.' 말하다가, 스페이스 키를 누르면 ' 제 크기는 00입니다.' 를 2초 동안 말하며, 마우스를 클릭하면 '현재 시간은 00시 00분입니다.'를 2초 동안 말하고, 스프라이트가 마우스 포인터에 닿으면 '2000년 이후 현재까지 지나온 날은 00입니다.'를 2초 동안 말하는 블록 스크립트를 만들어보자.

Answer

![블록 스크립트: 클릭했을 때 → 무한 반복하기 → 사용자 이름 와(과) 님 와(과) 타이머 의 반올림 와(과) 초 지났습니다. 결합하기 결합하기 결합하기 말하기 / 만약 스페이스 키를 눌렀는가? (이)라면 → 제 크기는 와(과) 스프라이트1 의 크기 와(과) 입니다 결합하기 결합하기 을(를) 2 초 동안 말하기 / 아니면 → 만약 마우스를 클릭했는가? (이)라면 → 현재시간은 와(과) 현재 시 와(과) 시 결합하기 와(과) 현재 분 와(과) 분 결합하기 결합하기 와(과) 입니다 결합하기 결합하기 을(를) 2 초 동안 말하기 / 아니면 → 만약 마우스 포인터 에 닿았는가? (이)라면 → 2000년 이후 현재까지 지나온 날은 와(과) 2000년 이후 현재까지 날짜 수 결합하기 와(과) 입니다 결합하기 을(를) 2 초 동안 말하기]

MEMO

패들과 볼의 퐁 게임 만들기

패들과 볼의 퐁 게임을 완성해보자.

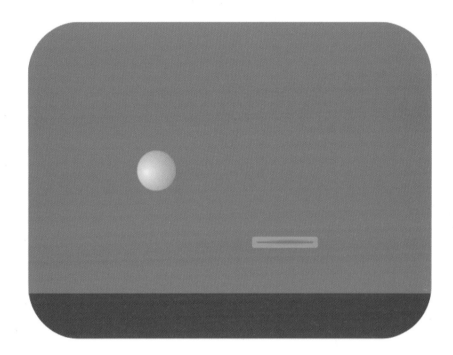

⚙ 동작과정

볼이 바닥의 특정 색에 닿아야만 색상이 바뀌고 점수가 증가한다. 이때 볼을 패들이 방해하고 있다. 볼과 재미있게 게임하려면 스크래치의 어떤 블록을 이용해서 표현해야 할까?

⚙️ Checklist

스프라이트	세 부 동 작

Ball	**깃발**을 클릭했을 때
	• x: 20, y: 150로 이동하기
	• 45도 방향 보기
	• 다음을 무한 반복하기
	  ‣ 15만큼 움직이기
	  ‣ 벽에 닿으면 튕기기
	
	깃발을 클릭했을 때
	• 점수 변수를 0으로 정하기
	• 다음을 무한 반복하기
	  ‣ 만약 ■에 닿았는가? 라면
	    – 다음 모양으로 바꾸기
	    – 점수를 5만큼 바꾸기
	    – laser2 재생하기
	    – 1초 기다리기
	  ‣ 만약 패들에 닿았는가? 라면
	    – water drop 재생하기
	    – 시계방향으로 180도 돌기
	    – 0.5초 기다리기

Paddle	**깃발**을 클릭했을 때 • 다음을 무한 반복하기 ‣ 마우스 포인터 위치로 이동하기
배경	모양 새로 그리기로 배경 그리기
변수	점수: 공이 바닥에 닿을 때 점수로 저장.

잠수부가 헤엄쳐서 바위에 도착하기

바다에서 잠수부가 장애물을 피해 바위까지 도착하도록 표현하자.

⚙️ 동작과정

바다에서 잠수부가 헤엄치며 장애물을 피해 무사히 바위까지 도착하면 도착 시간을 알려주려고 한다. 스크래치의 어떤 블록을 이용해 표현해야 할까?

⚙ Checklist

스프라이트	세 부 동 작

Diver
(잠수부)
	깃발을 클릭했을 때
	• 크기를 50%로 정하기
	• 모양을 잠수부1로 바꾸기
	• x:−230 y: −160으로 이동하기
	• 다음을 무한 반복하기
	 ‣ 만약 마우스 포인터까지 거리 > 3 이라면
	  – 마우스 포인터 쪽 보기
	  – 2만큼 움직이기
	 ‣ 만약 ■ 색에 닿았다면
	  – 모양을 잠수부2로 바꾸기
	  – 으악‼을 1초 동안 말하기
	  – 모양을 잠수부1로 바꾸기
	  – x: −210, y: −160로 이동하기
	 ‣ 만약 바위에 닿았다면
	  – 시간 변수를 2초 동안 생각하기
	 ‣ 만약 ■ 색에 닿았다면
	  – 3만큼 움직이기

회전바1	**깃발**을 클릭했을 때 • 다음동작을 무한 반복하기 ‣ 시계방향으로 1도 돌기
회전바2	**깃발**을 클릭했을 때 • 다음동작을 무한 반복하기 ‣ 반시계방향으로 2도 돌기
Rocks (바위)	**깃발**을 클릭했을 때 • 시간 변수를 0으로 정하기 • 다음동작을 무한 반복하기 ‣ 0.1초 기다리기 ‣ 시간 변수를 0.1만큼 바꾸기
배경	모양 탭을 클릭해, 그림판 화면이 나오면 오른쪽 아래에 있는 '벡터모드로 변환'을 클릭해 그림과 같이 배경을 그린다.
변수	시간: 바위 까지 도착한 시간 저장

두 수를 더하거나 빼거나 곱하거나 나눈 값을 갖는 블록이다.

> **Q** 녹색 깃발을 클릭하면 프로그램이 시작되며, 스프라이트는 계속 '아무 숫자나 입력하세요' 라고 묻고 기다리며, 사용자가 숫자를 입력하면 입력한 숫자에 대해 '00+00=00'를 2초 동안 말하고, '00−00=00'를 2초 동안 말하며, '00*00=00'를 2초 동안, '00/00=00'를 2초 동안 말하는 동작을 반복한다. 또한 이 스프라이트를 클릭하면 모든 동작을 멈추는 블록 스크립트를 만들어보자.

Answer

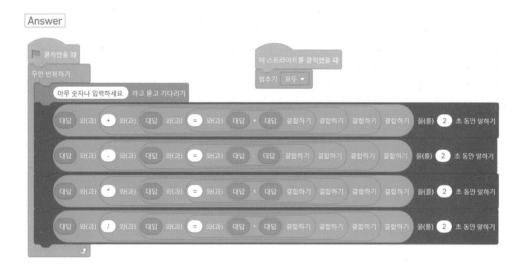

• 입력 값 범위의 숫자들 중 임의의 값을 갖는 블록이다.

Q 녹색 깃발을 클릭하면 프로그램이 시작되며, 스프라이트는 '날 잡아보세요' 하고 2초 동안 말한 후 만약 마우스 포인터가 스프라이트에 닿을 때마다 x좌표를 임의의 좌표로, y 의 좌표도임의의 좌표로 계속해서 이동하는 블록 스크립트를 만들어보자.

Answer

```
🏴 클릭했을 때
    날 잡아보세요 을(를) 2 초 동안 말하기
무한 반복하기
    만약  마우스 포인터 ▼  에 닿았는가?  (이)라면
        x  -240 부터 240 사이의 난수  y  -180 부터 180 사이의 난수  (으)로 이동하기
```

- 첫 번째 입력값이 두 번째 입력값보다 작을 경우는 참(true), 그렇지 않을 경우는 거 짓(false), 첫 번째 입력값이 두 번째 입력값과 같을 경우는 참(true), 그렇지 않을 경 우는 거짓(false), 첫 번째 입력값이 두 번째 입력값보다 클 경우는 참(true), 그렇지 않을 경우는 거짓(false)을 결과로 나타내는 블록이다. 이 블록은 '스크립트−제어'의 블록들과 함께 조합하여 결과가 '참'일 경우 내부의 블록들을 실행하고 '거짓'일 경우 내부 블록들을 실행하지 않도록 하는데 사용할 수 있다.

Q 녹색 깃발을 클릭하면 프로그램이 실행된다. 스프라이트는 '첫 번째 숫자를 입력하세요' 하고 묻고 기다리며, 사용자가 입력한 값은 변수 A에 저장된다(정한다). 이후 '두 번째 숫자를 입 력하세요' 하고 묻고 기다리며, 사용자가 입력한 두 번째 값은 변수 B에 저장된다(정한다). 이 후 만약 입력된 첫 번째 값 A이 두 번째 값 B보다 작다면, 'A은(는) B 보다 작습니다.'를 말하 고, 만약 입력된 첫 번째 값 A이 두 번째 값 B와 같다면, 'A은(는) B 와 같습니다.'를 말하며, 만약 입력된 첫 번째 값 A이 두 번째 값 B보다 크다면, 'A은(는) B 보다 큽니다.'를 말하는 블 록 스크립트를 만들어보자.

Answer

- 블록 양쪽의 ◆◆ 안의 조건이 참(true)일 때만 참(true)을 결과로 나타내도록 하는 블록이다.

- 양쪽의 조건들 중 어느 한쪽이 참(true), 또는 양쪽 다 참(true)일 때 참(true)을 결과로 나타내도록 하는 블록이다.

- 블록 안의 조건이 참(true) 이면 거짓(false)을, 거짓(false)이면 참(true)을 결과로 나타내도록 하는 블록이다.

Q 녹색 깃발을 클릭했을 때 프로그램이 시작되며, 스프라이트는 '0보다 크고 100보다 작은 숫자를 하나 입력하세요.' 하고 묻고 기다리며, 사용자가 입력한 값은 변수 A에 저장된다(정한다). 이후 만약 스페이스바를 누르지 않았다면, '스페이스바를 눌러주세요.'라고 1초 동안 말하며 스페이스바를 누르지 않으면 다음으로 진행하지 않는다. 이후, 변수 A에 저장한 값이 100보다 크거나 0보다 작을 경우 '입력한 숫자는 0-100 사이의 숫자가 아닙니다.'를 2초 동안 말하고 프로그램을 모두 멈추며, 0보다 크고 100보다 작은 숫자이면 스프라이트의 모양을 다음 모양 바꾸기 블록을 이용해 0.1초 간격으로 변수 A의 숫자만큼 반복하는 블록 스크립트를 만들어보자.

Answer

 apple 와(과) banana 결합하기

- 두 문자열을 결합(연결해주는)하여 갖는 블록이다.

apple 의 1 번째 글자

- ( )안의 문자열 중 특정 위치의 글자를 갖는 블록이다.

apple 의 길이

- 입력된 문자열의 길이 정보(값)을 갖는 블록이다.

apple 이(가) a 을(를) 포함하는가?

- 입력된 문자열에서 특정 문자가 포함되었을 때 참(true)을 결과로 나타내도록 하는 블록이다.

> **Q** 녹색 깃발을 클릭하면 프로그램이 시작되며, 스크립트는 '첫 번째 단어를 입력하세요.' 하고 묻고 기다리며, 사용자의 입력이 끝나면 입력된 값은 변수 A에 저장된다(정한다). 이후 스프라이트는 또 '두 번째 단어를 입력하세요.' 하고 묻고 기다리며 입력된 값은 변수 B에 저장된다. 이후 1초 기다린 후, 스프라이트는 '두 문장을 결합하면 OOO입니다.'를 2초 동안 말한다. 변수 A에 저장된 첫 번째 단어의 길이만큼 반복하여 첫 번째 단어의 임의의 위치에 있는 글자를 0.5초간 말한다. 변수B에 저장된 두 번째 단어가 A를 포함하면 '두 번째 단어 OOO은(는) a 를 포함합니다.'를 2초 동안 말하는 블록 스크립트를 만들어보자.

Answer

이 스프라이트를 클릭했을 때
첫 번째 단어를 입력하시오. 라고 묻고 기다리기
A ▾ 을(를) 대답 로 정하기
두 번째 단어를 입력하시오. 라고 묻고 기다리기
B ▾ 을(를) 대답 로 정하기
두 단어를 결합하면 와(과) A 와(과) B 결합하기 와(과) 입니다. 결합하기 결합하기 을(를) 2 초 동안 말하기
A 의 길이 번 반복하기
　A 의 1 부터 A 의 길이 사이의 난수 번째 글자 을(를) 2 초 동안 말하기
만약 B 이(가) a 을(를) 포함하는가? (이)라면
　두 번째 단어 와(과) B 결합하기 와(과) 는 a를 포함합니다. 결합하기 을(를) 2 초 동안 말하기

- 입력된 두 숫자의 나눗셈 결과의 몫과 나머지 중 나머지 값을 갖는 블록이다.

- 입력된 숫자의 반올림 근사값 중 가장 가까운 정수값을 갖는 블록이다.

- ( )안의 값에 대한 절대값, 바닥함수, 전장 함수, 제곱근 등의 결과 값을 갖는 블록이다.

> **Q** 스프라이트 2개를 준비한다. 첫 번째 스프라이트는 이 스프라이트를 클릭하면 '나누고 싶은 수를 입력하세요.' 라고 묻고 기다리며, 사용자가 입력한 값은 변수 A에 저장한다. 이후 '나눌 수를 입력하세요.' 라고 묻고 기다리며, 사용자가 입력한 값은 변수 B에 저장한다. 이후 이 스프라이트는 'OO나누기 OO는 OO입니다.'를 2초 동안 말한 후 1초 기다렸다가 'OO와 OO의 나머지는 OO입니다.'를 2초 동안 말한다.
>
> 두 번째 스프라이트는 이 스프라이트를 클릭하면 '소수점 이하 1자리 이상인 실수를 입력하세요' 라고 묻고 기다리며, 사용자가 입력한 값은 변수 A에 저장된다. 이후 '제곱근 값을 알고싶은 수를 입력하세요.' 라고 묻고 기다리며, 사용자가 입력한 값은 변수 B에 저장한다. 이후 이 스프라이트는 'OO와 OO의 반올림 값은 OO입니다.'를 2초 동안 말한 후 1초 기다렸다가 'OO와 OO의 제곱근 값은 OO입니다.'를 2초동안 말하는 블록 스크립트를 만들어보자.

Answer

첫 번째 스프라이트

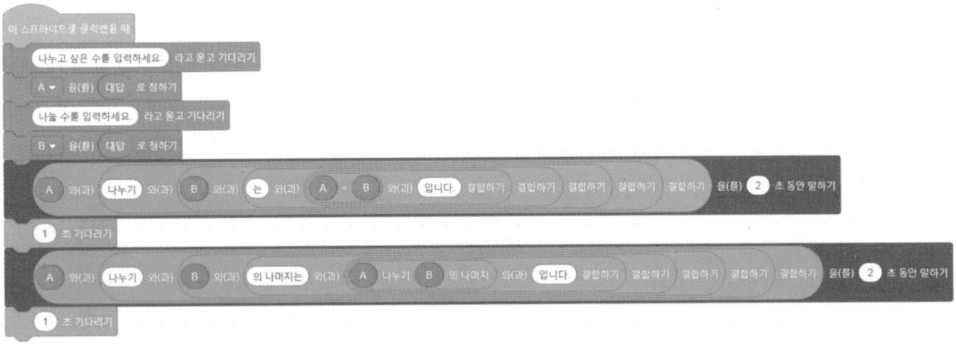

두 번째 스프라이트

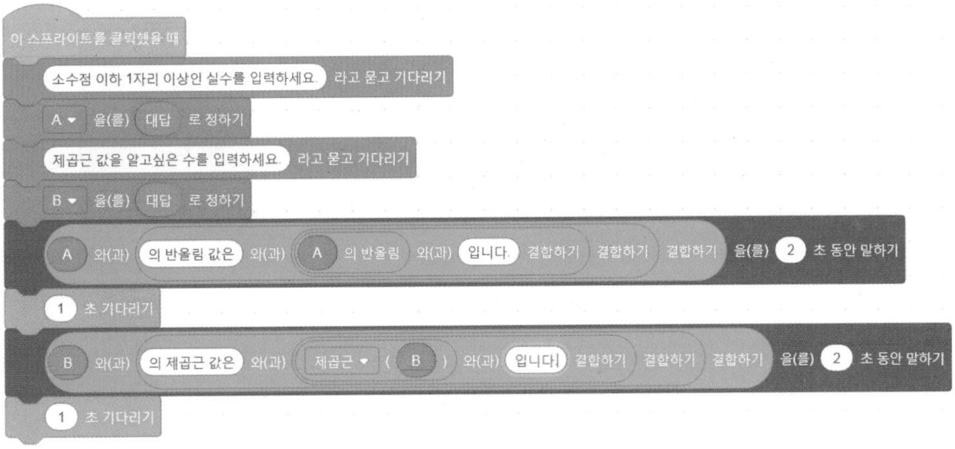

고양이와 덧셈하기

고양이와 덧셈을 구해봅시다.

⚙ 동작과정

고양이가 숫자1과 숫자2를 입력받아 두 개의 숫자를 합한 총점을 구하려고 한다. 스크래치의 어떤 블록을 이용해 표현해야 할까?

⚙ Checklist

스프라이트	세 부 동 작
Cat1	**깃발을 클릭했을 때** • 덧셈 공부해 볼까? 을 2초 동안 말하기 • 숫자를 입력하세요. 묻고 기다리기 • 숫자1 변수를 대답으로 정하기 • 숫자를 입력하세요. 묻고 기다리기 • 숫자2 변수를 대답으로 정하기 • 총점 변수를 숫자1 + 숫자2 로 정하기 • 총점 말하기
배경	배경 저장소 : **[room1]**
변수	숫자1: 답으로 입력 받은 첫 번째 숫자 저장 숫자2: 답으로 입력 받은 두 번째 숫자 저장 총점: 숫자1과 숫자2를 덧셈한 값 저장

자연수 제곱근 구해 육각형 그리기

입력한 자연수의 제곱근을 구하고 소수점을 올림해서 육각형을 그려보자.

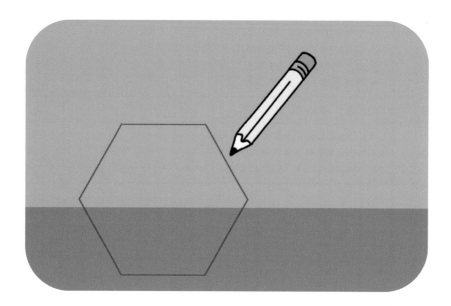

⚙ 동작과정

입력받은 자연수의 제곱근을 구해, 소수점을 올림해서 육각형을 그리려고 한다. 스크래치의 어떤 블록을 이용해서 표현해야 할까?

⚙️ Exercise

{⚙️} Checklist

스프라이트	세 부 동 작

Pencil
연필
	깃발을 클릭했을 때
	• 모두 지우기
	• 자연수를 입력하세요! 묻고 기다리기
	• 펜 올리기
	• 크기를 100%로 정하기
	• x: −24, y: 43
	• 제곱근 변수를 대답으로 입력받은 자연수의 제곱근으로 정하기
	• 올림 변수를 제곱근 변수의 올림으로 정하기
	• 펜 내리기
	• 6번 반복하기
	  ▸ 시계방향으로 60도 돌기
	  ▸ 올림 변수에 10을 곱한 만큼 움직이기
	  ▸ 0.5초 기다리기

배경	**모양 새로 그리기로 배경 그리기**
변수	제곱근: 답으로 입력 받은 자연수의 제곱근 저장. 올림: 답으로 입력 받은 제곱근 변수의 올림 저장.

변수 만들기 값을 보관하는 변수를 생성한다.

모든 스프라이트에서 접근하여 사용 가능한 변수를 생성한다.

현재 선택된 스프라이트에서만 사용 가능한 변수를 생성한다.

2.0 버전과는 다르게 스크래치 3.0에서는 다음의 그림과 같이 '나의 변수'라는 변수 블록이 이미 생성되어 있다.

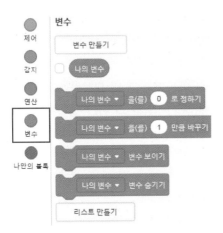

변수 만들기를 통해 변수 A를 생성했을 경우, 다음의 그림과 같은 블록들이 생성되며 A블록 앞의 체크박스는 스테이지 상단에 변수의 이름과 값을 나타내는 변수 모니터 윈도우를 표시할 때 사용한다. 체크박스 표시를 클릭해 확인해보자.

변수 값을 갖고 있는 블록이다. 이 변수의 이름은 변수 만들기를 통해 변수를 생성할 때 사용자에 의해 결정되며, 이 이름이 해당 블록의 이름으로 표시된다. 만약 삭제를 원하는 경우 데이터−변수 만들기 하단의 변수 블록을 오른쪽 클릭하면 삭제할 수 있다.

- 변수의 값을 입력된 값으로 정하는 블록이며, 변수 만들기를 통해 생성한 변수가 여러 개일 경우 다음의 그림과 같이 변수이름을 선택하여 사용할 수 있다. 또한 변수이름을 수정하거나, 이미 생성된 변수를 삭제할 수 있다.

> **Q** 변수 만들기로 변수 A와 변수 B를 생성한 후, 스프라이트를 클릭하면 A의 값을 10으로, B의 값을 20으로 바꾸며, 스페이스바를 누르면 A의 값을 0으로, B의 값을 0으로 만드는 블록 스크립트를 만들어보자.

Answer

- 변수의 값을 입력된 값만큼 증가 또는 감소시키는 블록이다.

Q 변수 만들기로 변수 A와 변수 B를 생성한 후, 스프라이트를 클릭할 때마다 A의 값은 2씩, B의 값은 5씩 바꾸며(증가시키며), 스페이스바를 누르면 A의 값을 0으로, B의 값을 0으로 만드는 블록 스크립트를 만들어보자.

Answer

- 스테이지(무대)에 변수의 이름과 값을 보이게 하거나 보이지 않게 하는 기능을 갖는 블록이다. 변수 값 블록의 체크박스표시와 기능이 같다.

Q 변수 만들기로 변수 A와 변수 B를 생성한 후, 스프라이트를 클릭할 때마다 A의 값은 2씩, B의 값은 5씩 바꾸며(증가시키며), 스페이스바를 누르면 A의 값을 0으로, B의 값을 0으로 만들며, i키를 누르면 스테이지에 나타난 변수의 이름과 값을 변수 모니터 윈도우를 사라지게 하고, v키를 누르면 다시 나타나게 하는 블록 스크립트를 만들어보자.

Answer

- 리스트 만들기   값들을 보관하는 리스트를 생성한다.

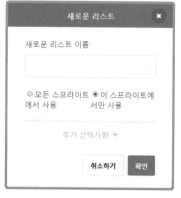

▪ 리스트 L을 생성했을 경우 다음의 그림과 같은 블록들이 생성되며 L블록 앞
의 체크박스는 그 다음의 그림과 같이 스테이지 상단에 리스트의 이름과 값
들을 나타내는 리스트 모니터 윈도우를 표시할 때 사용한다. 체크박스 표시
를 클릭해 확인해보자.

- 리스트 값들을 갖고 있는 블록이다. 이 리스트의 이름은 리스트 만들기를 통해 리스트를 생성할 때 사용자에 의해 결정되며, 이 이름이 해당 블록의 이름으로 표시된다.
- 데이터−리스트 만들기 하단의 리스트 블록을 오른쪽 클릭하면 삭제할 수 있다.

- 리스트에 입력값(문자 또는 숫자)을 추가하게 하는 블록이다. 리스트에는 다수의 입력값이 들어갈 수 있으므로 동일한 리스트에 입력값을 추가하는 블록을 실행할 때마다 차례대로 입력값 앞에 순번이 붙어서 리스트에 저장된다.

> **Q** 리스트 만들기로 리스트 L을 생성한 후, 스프라이트를 클릭할 때마다 Hello 문자열을 리스트에 추가하며, 스페이스바를 누르면 리스트의 내용을 2초 동안 말하는 블록 스크립트를 만들어보자.

HINT ▪ 리스트의 내용은 리스트의 값을 갖고 있는 블록 L 에 있다. 이 내용을 2초 동안 말하는 블록은 스크립트−형태의 안녕! 을(를) 2 초 동안 말하기 블록이므로 두 블록을 조합하여 L 을(를) 2 초 동안 말하기 를 만든다.

Answer

- 리스트에서 지정한 항목을 삭제하도록 하는 블록이다. 예를 들어 리스트의 항목이 총 3개일 때 1번째 항목을 삭제하면 2개의 항목이 남게 되므로 리스트의 항목 순번 즉, 길이는 줄어든다.

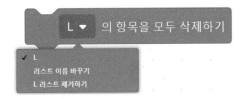

- 리스트의 모든 항목을 삭제하도록 하는 블록이다. 다음 그림과 같이 드롭다운 메뉴에서 리스트의 이름을 바꾸거나, 리스트를 삭제할 수 있다.

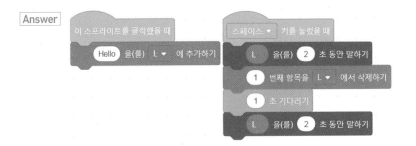

> **Q** 리스트 만들기로 리스트 L을 생성한 후, 스프라이트를 클릭할 때마다 Hello 문자열을 리스트에 추가하며, 스페이스바를 누르면 리스트의 내용을 2초 동안 말한 후 1번째 항목을 리스트에서 삭제하고, 다시 1초를 기다린 후 리스트의 내용을 2초 동안 말하는 블록 스크립트를 만들어보자.

Answer

- 입력값을 리스트의 특정 위치에 입력하는 블록이다. 만약 리스트의 특정위치에 이미 값이 존재할 경우, 기존의 값은 순번이 뒤로 밀리며(1 증가), 새로운 입력값이 기존 값이 있었던 순번에 위치하게 된다.

Q 리스트 만들기로 리스트 L을 생성한 후, 스프라이트를 클릭하면 Hello 문자열을 5번 리스트에 추가하며, 스페이스바를 누르면 리스트의 내용을 2초 동안 말한 후 Friend 문자열을 리스트의 3번째 위치에 넣고, 다시 1초를 기다린 후 리스트의 내용을 2초 동안 말하며, 이후 리스트의 모든 항목(값)을 리스트에서 삭제하는 블록 스크립트를 만들어보자.

Answer

- 입력값을 리스트의 특정 위치에 입력하는 블록이다. 만약 리스트의 특정위치에 이미 값이 존재할 경우, 기존의 값은 순번이 밀리지 않고, 새로운 입력값이 기존 값이 있었던 순번에 위치하여 값을 갱신하게 된다.

> **Q** 리스트 만들기로 리스트 L을 생성한 후, 스프라이트를 클릭하면 Hello 문자열을 5번 리스트에 추가하며, 스페이스바를 누르면 리스트의 내용을 2초 동안 말한 후 리스트의 2번째 위치를 HAHAHA 문자열로 바꾸고, 다시 1초를 기다린 후 리스트의 내용을 2초 동안 말하며, 이후 리스트의 모든 항목(값)을 리스트에서 삭제하는 블록 스크립트를 만들어보자.

Answer

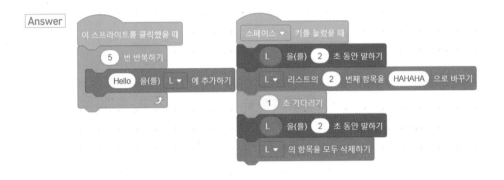

- 리스트의 특정 위치(순번)의 값을 볼 때 사용하는 블록이다.

- 이 블록은 스크래치 3.0에서 새로 구성된 블록이다. 리스트의 특정 항목의 위치(순번)의 값을 볼 때 사용하는 블록이다.

- 리스트의 항목 수(길이)를 볼 때 사용하는 블록이다.

Q 리스트 만들기로 리스트 L을 생성한 후, Hello, Good, HAHAHA, Friend, Smile의 5개 문자열을 각각 리스트에 추가하며, 스페이스바를 누르면 리스트의 내용을 2초 동안 말한 후 리스트의 HAHAHA의 위치의 값을 2초 동안 말하고, 1초를 기다린 후 리스트의 길이를 2초 동안 말하며, 이후 리스트의 모든 항목(값)을 리스트에서 삭제하는 블록 스크립트를 만들어보자.

Answer

> L ▼ 이(가) (항목) 을(를) 포함하는가?

- 리스트 값들 중 이 블록의 입력값과 같은 값이 있는지 비교하는 블록이다. 같은 값이 존재하면 true, 존재하지 않으면 false 결과를 보인다.

Q 리스트 만들기로 리스트 L을 생성한 후, Hello, Good, HAHAHA, Friend, Smile의 5개 문자열을 각각 리스트에 추가하며, 스페이스바를 누르면 리스트의 내용을 2초 동안 말한 후 리스트에 Smile 문자열이 포함되어 있는지 비교하여 포함되어 있다면 OK를 2초 동안 말하고, 포함되어 있지 않다면 BOOBOO를 2초 동안 말하며, 이후 리스트의 모든 항목(값)을 리스트에서 삭제하는 블록 스크립트를 만들어보자.

Answer

이 스프라이트를 클릭했을 때
(Hello) 을(를) (L ▼) 에 추가하기
(Good) 을(를) (L ▼) 에 추가하기
(HAHAHA) 을(를) (L ▼) 에 추가하기
(Friend) 을(를) (L ▼) 에 추가하기
(Smile) 을(를) (L ▼) 에 추가하기

스페이스 ▼ 키를 눌렀을 때
(L) 을(를) (2) 초 동안 말하기
만약 < (L ▼) 이(가) (Smile) 을(를) 포함하는가? > (이)라면
(OK) 을(를) (2) 초 동안 말하기
아니면
(BOOBOO) 을(를) (2) 초 동안 말하기
(L ▼) 의 항목을 모두 삭제하기

- 스테이지(무대)에 리스트의 이름과 값들을 보이게 하거나 보이지 않게 하는 기능을 갖는 블록이다. 리스트 값 블록의 체크박스표시와 기능이 같다.

> **Q** 리스트 만들기로 리스트 L을 생성한 후, Hello, Good, HAHAHA, Friend, Smile의 5개 문자열을 각각 리스트에 추가하며, i 키를 누르면 스테이지(무대)의 리스트 모니터 윈도우를 사라지게 하며, v 키를 누르면 스테이지의 리스트 모니터 윈도우를 나타나게 하는 블록 스크립트를 만들어보자.

Answer

```
이 스프라이트를 클릭했을 때

   Hello  을(를)  L ▼  에 추가하기

   Good  을(를)  L ▼  에 추가하기

   HAHAHA  을(를)  L ▼  에 추가하기

   Friend  을(를)  L ▼  에 추가하기

   Smile  을(를)  L ▼  에 추가하기


i ▼  키를 눌렀을 때

   L ▼  리스트 숨기기


v ▼  키를 눌렀을 때

   L ▼  리스트 보이기
```

자연수 입력에 따라 리스트 수 추가하기

입력한 자연수를 리스트에 추가하는 프로그램입니다.

⚙️ **동작과정**

프랑켄이 자연수를 답으로 입력받아 리스트에 추가하려고 한다. 스크래치의 어떤 블록을 이용해 표현해야 할까?

⚙️Checklist

스프라이트	세 부 동 작

Frank	**깃발**을 클릭했을 때
	• 모양을 프랑켄1로 바꾸기
	• 자연수 입력하세요! 라고 묻고 기다리기
	• N 변수를 1로 정하기
	• 모두(all) 번째 항목을 저장소 리스트에서 삭제하기
	• 대답 번 반복하기
	  ▸ N 변수를 저장소 리스트에 추가하기
	  ▸ N 변수를 항목을 1만큼 바꾸기
	• 대답 말하기
	• 모양을 프랑켄2로 바꾸기

배경	모양 새로 그리기로 배경 그리기
변수	N: 반복문에 사용(예: 저장소 리스트에 추가할 N변수를 1만큼 바꾸기를 대답 번 반복)

바다 속 물 방울 터트르기

바다 속 물방울을 빠르게 터트려 많은 점수를 얻도록 표현해보자.

⚙ **동작과정**

정해진 시간 안에 바다 속 물방울을 터트리고, 터트린 물방울 개수를 점수로 저장하려고 한다. 스크래치의 어떤 블록을 이용해 표현해야 할까?

⚙️**Checklist**

스프라이트	세부 동작

Ball (물방울)	**깃발**을 클릭했을 때
	• 점수 변수를 숫자 0으로 정하기
	• 숨기기
	• 다음 동작을 20번 반복하기
	  ‣ 나 자신 복제하기
	
	이 스프라이트가 클릭 되었을 때
	• 소리pop 재생하기
	• 점수 변수를 숫자 1만큼 바꾸기
	• 0.3초 기다리기
	• 이 복제본 삭제하기
	
	복제 되었을 때
	• 보이기
	• -90부터 180 사이의 난수 도 방향 보기
	• X: -150부터 150 사이의 난수, Y: -150부터 150사이의 난수로 이동하기
	• 색깔효과를 0부터 200사이의 난수만큼 바꾸기
	• 다음동작을 무한 반복하기
	  ‣ 2만큼 움직이기
	  ‣ 벽에 닿으면 튕기기

Underwater1	**깃발**을 클릭했을 때
	• 시간 변수를 숫자 10으로 정하기
	• 시간변수 = 0 까지 반복하기
	  ‣ 1초 기다리기
	  ‣ 시간 변수를 -1만큼 바꾸기
	• 모두 멈추기

변수	점수: 물방울 스프라이트 터트린 개수를 점수로 저장. 시간: 정해진 시간에서 감소된 시간을 저장.

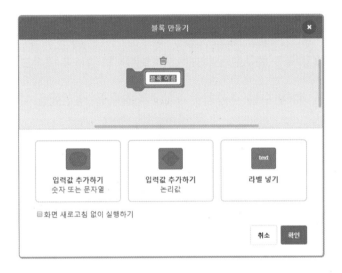

블록 만들기

자신이 원하는 기능을 하는 블록을 만든다.

블록 내부에는 다음과 같이 이 블록의 이름을 입력할 수 있다. 이 블록에는 선택사항으로써 숫자 또는 문자열, 논리값 매개변수와 라벨을 추가할 수 있다.

예를 들어 매개변수 없이 'Dance' 블록을 생성했을 때 Dance 블록이 생성되며, 이 블록의 기능에 대한 정의는 Dance 정의하기 블록에 다양한 블록을 연결하여 만든다. 다음의 그림은 Dance 블록의 기능을 Dance 정의하기 로 정의하여 스프라이트가 Dance 블록의 동작을 실행하도록 한 블록스크립트이다.

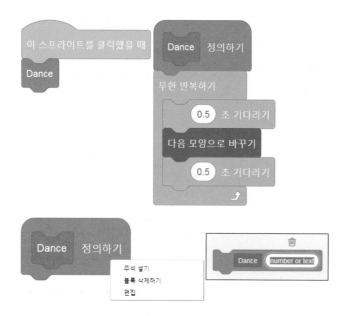

위 그림과 같이 편집에서 숫자 매개변수를 추가하여 'Dance' 블록을 생성했을 때 Dance 블록이 생성되며, 이 블록에 대한 정의는 Dance number1 정의하기 블록에 다양한 블록 및 숫자 매개변수블록을 포함하여 만든다.

다음의 그림은 앞의 Dance 블록의 무한 반복 댄스를 정해진 횟수만큼 반복하도록 수정한 것이다.

Q 스프라이트를 클릭하면 '댄스를 몇 번 반복할까요?'라고 묻고 기다리며, 사용자가 입력한 값은 변수 A에 저장한다. 이후 '몇 번 소리를 낼까요' 묻고 기다리며, 사용자가 입력한 값은 변수 B 에 저장한다. 이후 사용자에 의해 정의된 블록 'Dance'를 이용해 사용자가 입력한 값 A만큼 '0.5초 기다리기─다음 모양으로 바꾸기─0.5초 기다리기'를 반복하며, 이후 사용자가 입력한 값 B만큼 '음원 끝까지 재생하기'를 반복하는 블록 스크립트를 만들어보자.

HINT ▪ 블록 만들기를 이용한다. 블록의 이름은 'Dance'이며 블록은 숫자 매개변수 블록을 두 개 포함한다.

Answer

```
이 스프라이트를 클릭했을 때
    댄스를 몇 번 반복할까요?  라고 묻고 기다리기
    A ▾  을(를)  대답  로 정하기
    몇 번 소리를 낼까요?  라고 묻고 기다리기
    B ▾  을(를)  대답  로 정하기
Dance   A   B
```

```
Dance  number 1   number 2   정의하기
    number 1  번 반복하기
        0.5  초 기다리기
    다음 모양으로 바꾸기
        0.5  초 기다리기
    number 2  번 반복하기
        야옹 ▾  끝까지 재생하기
```

연습문제　펜의 굵기와 명암을 조절해 낙서하기

펜의 굵기와 명암을 조절해 그림이나 낙서를 표현해보자.

⚙️ 동작과정

낙서나 그림 그릴 때 연필의 굵기와 명암을 조절하려고 한다. 스크래치의 어떤 블록을 이용해서 표현해야 할까?

⚙️ **Checklist**

스프라이트	세 부 동 작
Pencil	**추가블록** 만들기 〈초기화〉 정의하기 • 모두 지우기 • 펜 색깔을 ■으로 정하고, 0.5초 기다리기 • 굵기 변수를 5로 정하고, 펜 올리기 • x: 0, y: 0으로 이동하고, 펜 내리기 **깃발**을 클릭했을 때 • 추가블록 〈초기화〉 • 다음동작을 무한반복하기 　▸ 만약 마우스를 클릭했는가? 라면 　　– 마우스포인터 위치로 이동하기, 펜 내리기 　　– 펜 굵기를 굵기 변수로 정하고, 펜 명암을 10만큼 바꾸기 　▸ 아니면 　　– 펜 올리기 **오른쪽 화살표 키를 눌렀을 때** • 굵기 변수를 1만큼 바꾸기 **왼쪽 화살표 키를 눌렀을 때** • 굵기 변수를 –1만큼 바꾸기
배경	모양 새로 그리기로 배경 그리기
변수	굵기: 펜의 굵기 변화 저장

마술봉으로 루돌프 사슴의 코에 불 켜기

마술봉으로 루돌프 사슴의 코에 불 켜는 프로그램을 완성해보자.

⚙ 동작과정

무작위 위치에서 나타나는 루돌프 사슴의 코에 마술봉을 이용해 불을 켜고 불이 켜지면 점수를 증가시키려고 한다. 스크래치의 어떤 블록을 이용해서 표현해야 할까?

⚙️ Checklist

스프라이트	세 부 동 작

Reindeer (루돌프사슴)	**추가블록 만들기** 〈루돌프사슴코〉 정의하기
	• 루돌프 사슴 변수 1부터 4사이의 난수로 정하기
	• 만약 루돌프사슴 변수= 1과 같다면 x: −150, y: 60로 이동하기
	• 만약 루돌프사슴 변수= 2와 같다면 x: −150, y: −100로 이동하기
	• 만약 루돌프사슴 변수= 3과 같다면 x: 100, y: 30로 이동하기
	• 만약 루돌프사슴 변수= 4와 같다면 x: 50, y: −100로 이동하기
	
	깃발을 클릭했을 때
	• 점수 변수를 0으로 정하기
	• 숨기기, 맨 앞으로 순서 바꾸기, 크기를 100%정하기
	• 다음을 무한 반복하기
	  ▶ 모양을 루돌프사슴코1로 바꾸기
	  ▶ 추가블록 〈루돌프사슴코 〉
	  ▶ 1부터 4사이의 난수 초 기다리기 하고 보이기
	  ▶ 1부터 2사이의 난수 초 기다리기 하고 숨기기
	
	마술봉을 받았을 때
	• 만약 마술봉에 닿았는가? 라면
	  ▶ 모양을 루돌프사슴코 2로 바꾸기
	  ▶ 점수 변수를 5만큼 바꾸고 3초 기다렸다가 숨기기

Wand (마술봉)	**추가블록 만들기** 〈마술봉으로 코에 불 켜기〉 정의하기 • 마술봉 방송하기 • 90도 방향보기 **깃발을 클릭했을 때** • 90도 방향보기 • 맨 앞쪽으로 순서바꾸기 • 크기를 110%로 정하기 • 마우스 포인터 위치로 이동하기를 무한 반복하기 **이 스프라이트가 클릭될 때** • 반 시계방향으로 45도 돌기를 2번 반복하기 • 추가블록 〈마술봉으로 코에 불 켜기〉

Tree-lights (트리)	**깃발을 클릭했을 때**
	• 다음을 무한 반복하기
	  ▶ 색깔효과를 25만큼 바꾸기
	  ▶ 1초 기다리기

배경	배경 저장소 : [**겨울소나무**]
변수	점수: 루돌프사슴의 코가 마술봉에 닿으면 점수로 저장. 루돌프사슴: 루돌프사슴의 좌표 값 저장

확장기능 추가하기

스크래치의 기능 확장을 위한 블록들을 포함한다. 스크래치 3.0에서는 기존 스크래치 2.0 버전에서 제공한 소리 항목과 감지 항목의 일부와 펜 항목이 확장기능으로 분리되었고, 번역항목과, 텍스트를 음성으로 말하는 항목이 추가되었다. 또한 별도의 하드웨어 장비의 연결이 필요한 항목이 추가되었다.

확장 기능 추가하기를 클릭하면, 다음 그림과 같이 여러 가지 추가 기능들을 확인할 수 있다. 본 교재에서는 하드웨어 장비 연결이 필요한 항목의 설명은 생략하고, 3.0버전에서 추가된 항목의 경우 간단히 설명하도록 한다.

음악 항목은 교재 앞부분 소리 항목에서 이미 설명했으므로 생략하도록 한다.

기존 스크래치 2.0 버전에서는 펜 항목이 블록팔레트 구성에 포함되어 있었으나, 3.0 버전에서는 확장기능으로 분리되었다.

확장기능 추가하기에서 펜 항목을 선택하면 다음과 같이 나만의 블록 아래에 펜 항목이 생성되면서 블록이 추가된다.

'지우기' 블록은 스테이지(무대)에 남아있는 모든 펜 자국 또는 스탬프 자국을 지우는 블록이다.

'도장찍기' 블록은 스테이지(무대)에 현재 스프라이트 모양 그대로 스탬프를 찍는 동작을 하는 블록이다.

'펜 내리기' 블록을 사용하기 위해서는 우선, 스프라이트의 상태에 대한 이해가 필요하다. 펜 내리기 블록을 사용하기 전 스테이지(무대)위에 있는 스프라이트는 무대 위에 약간 떠 있는 상태이다. 이런 상태에서는 스프라이트 펜을 이용해 선이나 그림을 그릴 수 없으므로 스프라이트 펜이 스테이지(무대)에 내려 앉도록 하여 스프라이트의 이동이 그대로 펜의 그리는 동작으로 반영되도록 하는 블록이다.

'펜 올리기' 블록은 펜 내리기 상태에 있는 스프라이트를 다시 무대 위에 약간 떠 있는
상태로 만들어 주는 블록이다. 펜 내리기 상태에 있는 블록은 스프라이트의 이동이 그
대로 펜의 그리는 동작으로 반영되어 스테이지(무대)에 나타난다. 그리는 동작을 중단
하기 위해서는 펜을 올리는 동작을 하는 펜 올리기 블록을 사용하여 스프라이트 펜이
다시 무대 위에 떠 있는 상태로 만든다.

> **Q** r 키를 누르면 지우기 동작을, a 키를 누르면 펜을 내리는 동작을, b 키를 누르면 펜을 올리는
> 동작을, s 키를 누르면 도장을 찍는 동작을, 스프라이트를 클릭하면 스프라이트가 100만큼
> 이동 후 1초 기다렸다가 −100만큼 이동하는 동작을 실행하는 블록 스크립트를 만들어보자.
> (블록 스크립트를 완성한 후 각각의 동작을 테스트해보자.)

Answer

- 펜 색깔을 사각형 안의 색깔로 정하게 하는 블록이다. 색깔은 사각형을 마우스로 클릭한 후 마우스 포인터를 현재 웹페이지 상의 원하는 색깔을 클릭하여 결정한다.

> **Q** 스프라이트를 클릭하면 스프라이트가 펜을 내린 상태에서 100만큼 이동 후 1초 기다렸다가 −100만큼 이동한 후 펜을 올리는 동작을 실행하고, a 키를 누르면 펜 색깔을 임의의 색으로 정하는 동작을, b 키를 누르면 펜 색깔을 또 다른 임의의 색으로 정하는 동작을, c 키를 누르면 펜 색깔을 또 다른 임의의 색으로 정하는 동작을, d 키를 누르면 지우기 동작을 실행하는 블록 스크립트를 만들어보자.

Answer

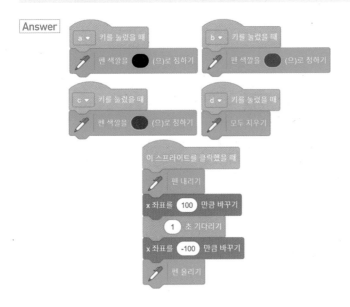

- 현재의 펜 색깔, 명도, 채도 등을 입력값(양수 또는 음수)만큼 색을 바꾸는 블록이다. 명암은 0부터 100 사이의 펜 명암을 입력된 수만큼 바꾼(증가 또는 감소)다. 0이면 검은색에 가까우며 100이면 흰색에 가까운 색이 지정된다.

Q 스페이스 키를 누르면 스프라이트 펜을 내려 펜 색깔을 5씩 바꾸면서 x좌표를 1만큼 바꾸는 동작을 200번 반복하며, 이 스프라이트를 클릭하면 펜을 올리고 지우는 동작과 함께 x좌표 -100, y좌표 0으로 이동하는 블록 스크립트를 만들어보자.

Answer

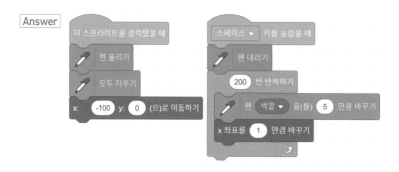

Q 스페이스 키를 누르면 스프라이트 펜을 내려 펜 명도를 50만큼 증가시킨 다음, x좌표를 1만큼 바꾸는 동작을 50번 반복하고 1초 기다린 후 다시 펜 명도를 50만큼 증가시킨 다음 x 좌표를 1만큼 바꾸는 동작을 50번 반복하며, 이 스프라이트를 클릭하면 펜을 올리고 지우는 동작과 함께 x좌표 0, y 좌표 0으로 이동하는 블록 스크립트를 만들어보자.

Answer

```
스페이스 ▼ 키를 눌렀을 때
  펜 내리기
  펜 명도 ▼ 을(를) 50 만큼 바꾸기
  50 번 반복하기
    x 좌표를 1 만큼 바꾸기
  1 초 기다리기
  펜 명도 ▼ 을(를) 50 만큼 바꾸기
  50 번 반복하기
    x 좌표를 1 만큼 바꾸기
```

MEMO

- 펜 색깔, 채도, 명도, 투명도 값을 정한다. 펜 색깔을 0-200 사이에서 정한다. 0은 붉은색, 70은 녹색, 130은 파랑색, 170은 자홍색이다. 펜 명도는 0-100 사이에서 정한다. 0이면 검은색에 가까우며 100이면 흰색에 가까운 색이 지정된다.

Q 스페이스 키를 누르면 스프라이트 펜을 내려 펜 색깔을 x좌표값으로 바꾸면서 x좌표를 1만큼 바꾸는 동작을 200번 반복하며, 이 스프라이트를 클릭하면 펜을 올리고 지우는 동작과 함께 x좌표 0, y 좌표 0으로 이동하는 블록 스크립트를 만들어보자.

HINT · 동작-x좌표 블록은 현재 스프라이트의 x좌표 값을 가지고 있다.

Answer

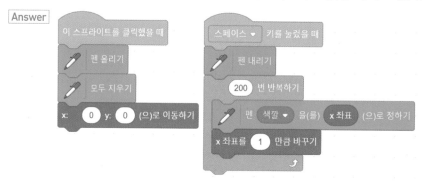

Q 스페이스 키를 누르면 스프라이트 펜을 내려 펜 명도를 0으로 정한 다음, x좌표를 1만큼 바꾸는 동작을 100번 반복한다. 다시 펜 명도를 70으로 정한 다음 x 좌표를 1만큼 바꾸는 동작을 100번 반복하며, 이 스프라이트를 클릭하면 펜을 올리고 지우는 동작과 함께 x좌표 −100, y 좌표 0으로 이동하는 블록 스크립트를 만들어보자.

Answer

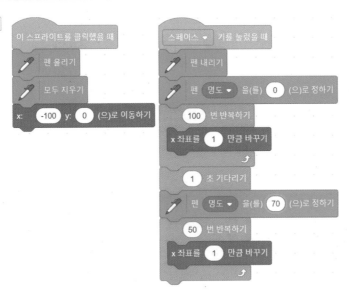

- 1−255 사이의 펜 굵기 중 입력된 수 만큼 굵기를 증가 또는 감소시키는 블록이다.

- 1−255 사이의 펜 굵기 중 입력된 수의 펜 굵기로 지정하는 블록이다.

Q 스페이스 키를 누르면 스프라이트 펜을 내려 펜 굵기를 2만큼 바꾸면서 x좌표를 2만큼 바꾸는 동작을 100번 반복하며, 이 스프라이트를 클릭하면 펜 굵기를 1로 정하고 펜을 올리고 지우는 동작과 함께 x좌표 100, y 좌표 0으로 이동하는 블록 스크립트를 만들어보자.

Answer

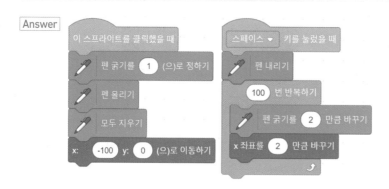

모양 도장 찍기로 꽃잎 완성하기

다양한 모양 도장 찍기를 반복해 꽃잎을 완성해보자.

⚙ 동작과정

원하는 모양을 그리고 도장 찍기를 반복해 꽃잎을 완성하려면 스크래치의 어떤 블록을 이용해서 표현해야 할까?

⚙ Checklist

스프라이트	세 부 동 작
모양1	**깃발을 클릭했을 때** • 크기를 100%로 정리하기 • 지우기 • −90도 방향 보기 • x: −20, Y: 30 으로 이동하기 **스페이스키를 눌렀을 때** • 도장 찍기 • 시계방향으로 20도 돌기 • 20만큼 움직이기
모양2	**깃발을 클릭했을 때** • 크기를 100%로 정리하기 • 지우기 • −90도 방향 보기 • x: 100, Y: −140 으로 이동하기 **스페이스키를 눌렀을 때** • 도장 찍기 • 시계방향으로 20도 돌기 • 20만큼 움직이기
모양3	**깃발을 클릭했을 때** • 크기를 100%로 정리하기 • 지우기 • −90도 방향 보기 • x: −120, Y: −140 으로 이동하기 **스페이스키를 눌렀을 때** • 도장 찍기 • 시계방향으로 20도 돌기 • 20만큼 움직이기
배경	배경 저장소 : **[purple]**

로봇과 360도 회전하며 다각형 그리기

로봇으로 색상을 바꿔가며 원하는 모양의 다각형을 그려보자.

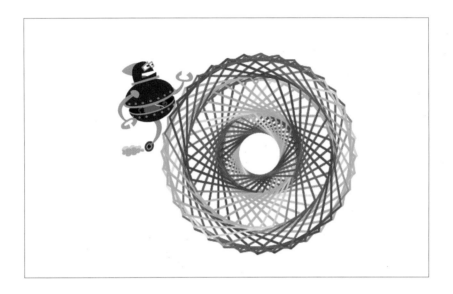

⚙ 동작과정

로봇이 360도 회전 하는 동안 색상을 바꿔가며 원하는 모양의 다각형을 반복해 그리려고 한다. 스크래치의 어떤 블록을 이용해 표현해야 할까?

Exercise

⚙ Checklist

스프라이트	세부동작

로봇
 	
Robot1
	깃발을 클릭했을 때
	• 지우기
	• 펜 올리기
	• x: 0 Y:-30 로 이동하기
	• 펜 굵기를 3으로 정하기
	• 펜 내리기
	• 다음과정을 36번 반복하기
	  ▸ 다음과정을 6번 반복하기
	    – 100만큼 움직이기
	    – 시계방향으로 60도 돌기
	    – 펜 색깔을 2만큼 바꾸기
	  ▸ 펜 올리기
	  ▸ 10만큼 움직이기
	  ▸ 시계방향으로 10도 돌기
	  ▸ 펜 내리기

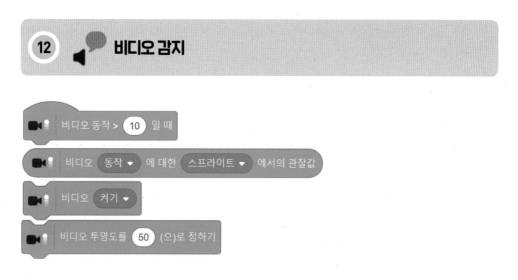

2.0 버전에서는 감지 항목에 포함되어 있었으나, 스크래치 3.0에서 확장기능으로 분리되었다. 비디오 카메라 (웹캠)이 있는 환경에서 사용하는 비디오 동작 및 방향에 관계된 값과 웹캠을 켜고 끄는 동작, 그리고 비디오 이미지의 투명도를 % 단위로 제어하는 블록이다.

13 Text to speech

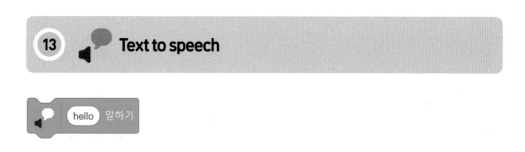

hello 또는 사용자가 입력한 문자를 말하는 블록이다. 형태 항목의 말하기는 말풍선으로 말하기 효과를 나타내는 반면 이 블록은 실제 말하기가 수행된다.

말하는 음성의 종류를 정하는 블록이다.

말하기를 수행할 언어를 정하는 블록이다.

안녕 또는 사용자가 입력한 문자를 선택한 언어로 번역하는 블록이다.

스크래치 인터페이스에서 선택된 언어를 나타내는 블록이다.

> **Q** 스프라이트를 클릭하면 언어를 프랑스어로 정하고 hello를 프랑스어로 번역해서 말하는 블록 스크립트를 만들어보자.

Answer

P A R T   3

실습 예제

P A R T 3

CHAPTER **5**

스크래치 응용 실습

5.1 LEVEL 1

달리는 소녀

소녀가 산길을 뛰어 오는 모습을 표현해 보자.

⚙️ 동작과정

숲길에서 소녀가 달리기를 한다. 숲속 성이 보이는 숲길에서부터 달려오는 소녀의 모습이 점점 커진다. 숲속의 길을 따라 앞으로 뛰어오는 소녀의 모습을 원근감 있게 표현하려면 어떻게 해야 할까?

⚙ Checklist

스프라이트	세 부 동 작

Hannah-a
	깃발 클릭했을 때
	• x : 171, y:37로 이동하기
	• 크기를 70%로 정하기
	• 다음을 5번 반복하기
	  ▸ '달려라!!'를 0.5초 동안 말하기
	  ▸ x좌표를 −70 만큼 바꾸기
	  ▸ y좌표를 −30 만큼 바꾸기
	  ▸ 10만큼 움직이기
	  ▸ 크기를 20 만큼 바꾸기

배경	배경 저장소 : [Castle3]

Step 1 배경 선택하기

① 배경 선택

• 배경 저장소를 클릭하여 Castle3을 선택한다.

Step 2 달리는 소녀 스프라이트 선택

① 달리는 소녀

숲속 길 위에서 내려오면서 거리감이 있게 점점 커지는 소녀를 표현 한다.

• 깃발을 클릭하면 지정된 좌표 값 x : 171, y:37으로 이동한다.

• 시작할 때 소녀를 작게 표현하기 위하여 크기를 70%로 정하기 한다.

• 움직이는 동작을 위하여 다음을 5번 반복한다.

  ▸ '달려라~!! '를 0.5초간 말하기를 한다.

  ▸ 배경 그림의 숲속 길의 좌표를 따라서 달려 내려오도록 동작하기 위하여 x좌표를 −70만큼 바꾸기를 하고 y좌표는 −30만큼 바꾸기를 한다.

▸ 10만큼 움직이기를 하여 앞으로 나오고 크기를 20만큼 바꾸기를 하여 점점 커지
게 하여 앞으로 달려오는 표현을 한다.

자유로이 움직이는 물고기와 잠수부

바다 속 물고기들과 잠수부의 자유롭게 움직이는 프로젝트를 수행해 보자.

⚙️ 동작과정

바다 속에 잠수부들과 여러 물고기들이 각자 다른 방향으로 움직인다. 수평으로 잠수하는 잠수부, 수직으로 잠수하는 잠수부 그리고 물고기들도 수직, 수평으로 움직인다. 물고기3은 움직이면서 색상이 바뀐다. 각 스프라이트들이 움직이면서 무대는 벗어나지 않도록 하려면 어떻게 표현해야 할까?

⚙ Checklist

스프라이트	세 부 동 작

Diver1	**깃발** 클릭했을 때
	• x : 164, y : −32 으로 이동하기
	• 90도 방향으로 좌우로 움직이기
	• 무한반복 설정하기
	  ▸ 3만큼 움직이기
	  ▸ 벽에 닿으면 튕기기 설정

Diver2	**깃발** 클릭했을 때
	• x : −144, y : −78 으로 이동하기
	• 0도 방향 보기
	• 무한반복 설정하기
	  ▸ 5만큼 움직이기
	  ▸ 벽에 닿으면 튕기기 설정

Fish1	**깃발** 클릭했을 때
	• x : −145, y : 111 으로 이동하기
	• 90도 방향 보기
	• 무한반복 설정하기
	  ▸ 5만큼 움직이기
	  ▸ 벽에 닿으면 튕기기 설정
	  ▸ 회전방식을 왼쪽-오른쪽으로 정하기

Fish2	**깃발** 클릭했을 때
	• x : 12, y : −103 으로 이동하기
	• 0도 방향으로 보기
	• 무한반복 설정하기
	  ▸ 3만큼 움직이기
	  ▸ 벽에 닿으면 튕기기

Fish3	**깃발** 클릭했을 때
	• x : 188, y : −99 으로 이동하기
	• −90도 방향 보기
	• 무한반복 설정하기
	  ▸ 5만큼 움직이기
	  ▸ 색깔 효과를 25만큼 바꾸기
	  ▸ 벽에 닿으면 튕기기 설정
	  ▸ 회전방식을 왼쪽-오른쪽으로 정하기

배경	배경 저장소 : [underwater3]

Step 1 **배경 선택하기**

① 배경 선택

- 배경 저장소를 클릭하여 Underwater3 을 선택한다.

Step 2 **잠수부 스프라이트 선택**

① 움직이는 잠수부 Diver1

잠수부는 왼쪽 오른쪽 방향으로 움직이는 동작을 한다.

- 깃발을 클릭하면 좌표 x : 164, y : −32 으로 이동한다.
- 좌우로 움직이기 위하여 90도 방향을 보기를 설정하고 계속해서 움직이기 위하여 다음 동작을 무한 반복한다.
  ▸ 5만큼 움직이기 하여 천천히 잠수하도록 하고 화면에서 사라지지 않기 위하여 벽에 닿으면 튕기기 설정을 한다.

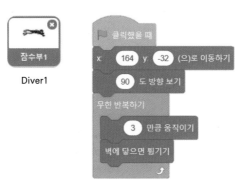

Diver1

② 움직이는 잠수부 Diver2

잠수부는 수면 위 아래로 움직이는 동작을 한다.

- 깃발을 클릭하면 좌표 x : −144, y : −78 으로 이동한다.
- 상하로 움직이기 위하여 0도 방향을 보기를 설정하고 계속해서 움직이기 위하여 다음 동작을 무한반복 한다.
  ▸ 3만큼 움직이기를 하여 다른 잠수부와 움직임을 차별화하고 화면에서 사라지지 않기 위하여 벽에 닿으면 튕기기 설정을 한다.

Step 3 **물고기 스프라이트 선택**

① 자유로이 움직이는 물고기1

물고기1은 좌우 움직이는 동작을 선택 한다.

• 깃발을 클릭하면 좌표 x : −145, y : 111 으로 이동한다.
• 수평으로 움직이기 위한 90도 방향보기 블록을 선택하고 계속해서 움직이기 위해 다음 동작을 무한 반복한다.
  ▸ 5만큼 움직이기를 하고 화면에서 사라지지 않기 위해 벽에 닿으면 튕기기 설정을 한다. 벽에 닿아 돌아 수영할 때 물고기가 상하로 바뀌지 않기 위하여 회전방식을 외쪽−오른쪽으로 정하기를 한다.

② 자유로이 움직이는 물고기2

물고기2는 바다 속 바닥과 수면 위를 움직이는 동작을 표현한다.

• 깃발을 클릭하면 좌표 x : 12, y : −103 으로 이동한다.

- 수직으로 움직이기 위한 0도 방향보기 블록을 선택하고 계속해서 움직이기 위해 다음 동작을 무한 반복한다.
  ▸ 다른 물고기와 움직임을 달리하기 위하여 3만큼 움직이기하고 벽에 닿으면 튕기기를 한다.

③ 자유로이 움직이는 물고기3

물고기3 은 왼쪽 방향으로부터 시작하여 좌우로 수영하는 동작을 표현하고 색깔이 변하는 표현을 한다.

- 깃발을 클릭하면 좌표 x : 188, y : −99 으로 이동한다.
- 수평으로 움직일 때 왼쪽 방향으로 시작하기 위하여 −90도 방향보기를 하고 계속해서 움직이기 위해 다음 동작을 무한 반복한다.
  ▸ 5만큼 움직이기를 하고 색깔 효과를 25만큼 바꾸기를 하여 생동감을 표현해 본다.
  ▸ 화면에서 사라지지 않기 위해 벽에 닿으면 튕기기 설정을 하고 회전방식은 왼쪽−오른쪽으로 정하기하여 반대편으로 돌아서 갈 때 뒤집어지지 않게 한다.

고양이 횡단보도 건너기

고양이가 정해진 좌표에 따라 길을 걷다가 횡단보도를 건너는 프로젝트를 수행해 보자.

⚙️ 동작과정

고양이가 걷기 운동을 시작한다. 길을 걷다가 아침 인사도 하고, 횡단보도를 만나면 방향을 바꾸어서 길을 건넌다. 고양이는 파란 선을 따라 걷다가 방향을 바꾸어 빨간 선을 따라 걷는다. 제시된 동선대로 고양이가 움직이려면, 좌표를 어떻게 설정해야 할까?

⚙️ Checklist

스프라이트	세 부 동 작
     ![고양이] 고양이 Cat1	🏳️ **클릭했을 때** • 90도 방향보기 • x :-188 y:9으로 이동하기 • '안녕~좋은 아침이 예요~!' 를 1초 동안 말하기 • 다음 모양으로 바꾸기 • x 좌표를 −100으로 정하기 • '산책은 건강에 좋아요~!' 를 1초 동안 말하기 • 다음 모양으로 바꾸기 • x 좌표를 80으로 정하기 • '방향을 바꾸어 갑니다~!' 를 1초 동안 말하기 • −90도 방향 보기 • x : 45, y : −55로 이동하기 • 다음 모양으로 바꾸기 • '길을 건너야 해요~!' 를 1초 동안 말하기 • x : −16, y : −94로 이동하기 • 다음 모양으로 바꾸기 • '주변을 잘 살피고 건너 갑니다~!' 를 1초 동안 말하기 • x : −72, y : −147로 이동하기 • '야호~ 신나는 하루~!!' 를 1초 동안 말하기
배경	배경 저장소 : [urban2]

Step 1　배경 선택하기

① 배경 선택

• 배경 저장소를 클릭하여 Urban2 를 선택한다.

Step 2　고양이 스프라이트 선택

① 도로 블록 따라 걷는 고양이　Cat1

고양이는 보도블록에 따라 걸어가며 아침 인사를 하고 교차로가 나오면 방향을 바꾸어 건너간다.

- 90도 방향 보기

- 깃발을 클릭하면 좌표 x : −188 , y : 9로 이동한다.

- 먼저 '안녕~좋은 아침입니다.~'를 1초 동안 말하기를 설정한다.

- 고양이 형태를 바꾸어 마치 걸어가는 것처럼 보이기 위해 다음 모양으로 바꾸기를 한다.

- 배경 그림에서 보도블록 위를 유지하기 위하여 앞으로 전진은 좌표 값 x : −100 으로 설정해본다.

- '산책을 건강에 좋아요~'를 1초동안 말하기 한다.

- 다음 모양으로 바꾸기를 한다.

- x : 80 으로 정하여 보도 블록 위를 걷는지 체크해 본다.

- '방향을 바꾸어서 갑니다~'를 1초 동안 말하기 한다.

- 배경에서 횡단보도를 건너기 위하여 방향 전환을 위해 −90도 방향보기로 설정한다.

- 좌표 x : 45, y : −55 로 이동한다.

- 다음 모양으로 바꾸기를 한다.

- 횡당보고 건너는 코드에서는 ' 길을 건너야 해요~'를 1초 동안 말하기 블록을 설정한다.

- 좌표 x : −16, y : −94 로 이동한다.

- 다음 모양으로 바꾸기를 한다.

- ' 주변을 잘 살피고 건넙니다.~'를 1초 동안 말하기를 한다.

- 좌표 x : −72, y : −147 로 이동한다.

- ' 야호~ 신나는 하루~!!'를 1초 동안 말하기를 한다.

고양이

클릭했을 때

90 도 방향 보기

x: -188 y: 9 (으)로 이동하기

안녕~ 좋은 아침이에요~! 을(를) 1 초 동안 말하기

다음 모양으로 바꾸기

x좌표를 -100 (으)로 정하기

산책은 건강에 좋아요~ 을(를) 1 초 동안 말하기

다음 모양으로 바꾸기

x좌표를 80 (으)로 정하기

방향을 바꾸어서 갑니다. 을(를) 1 초 동안 말하기

-90 도 방향 보기

x: 45 y: -55 (으)로 이동하기

다음 모양으로 바꾸기

길을 건너야 해요~ 을(를) 1 초 동안 말하기

x: -16 y: -94 (으)로 이동하기

다음 모양으로 바꾸기

주변을 잘 살피고 건넙니다. 을(를) 1 초 동안 말하기

x: -72 y: -147 (으)로 이동하기

야호~ 신나는 하루~!! 을(를) 1 초 동안 말하기

MEMO

조명이 있는 배경에서 춤추는 댄서

멋진 조명이 있는 배경에서 댄서들의 재미있는 춤 동작을 표현해 보자.

⚙️ 동작과정

무대 중앙에서 브레이크 댄스를 추는 댄서는 그 자리에서 모양을 바꿔가면서 춤을 추고 앞의 발레리나는 무대 앞쪽에서 발레동작을 표현한다. 그리고 캐시 댄서는 오른쪽 무대에서 왼쪽 무대까지 움직이면서 춤을 춘다. 각 댄서들이 각자의 춤 동작을 표현하는 동안 배경이 계속 바뀌게 하려면 어떻게 표현해야 할까?

⚙️ Checklist

스프라이트	세부동작

Ballerina	깃발 클릭했을 때
	• x : −72, y : −87 로 이동하기
	• 다음을 무한 반복한다.
	  ‣ 맨 앞으로 순서 바꾸기
	  ‣ 다음 모양으로 바꾸기
	  ‣ 0.3초 기다리기
	  ‣ 벽에 닿으면 튕기기

Cassy Dancer	깃발 클릭했을 때
	• x : 147, y : −17 로 이동하기
	• 다음을 무한 반복한다.
	  ‣ 맨 앞으로 순서 바꾸기
	  ‣ 10만큼 움직이기
	  ‣ 다음 모양으로 바꾸기
	  ‣ 0.3초 기다리기
	  ‣ 벽에 닿으면 튕기기

Break Dancer	깃발 클릭했을 때
	• x:9, y:5로 이동하기
	• 다음을 무한 반복한다.
	  ‣ 0.3초간 기다리기
	  ‣ 다음 모양으로 바꾸기

배경	배경 저장소 : [Spotlight Stage], [Spotlight Stage2]

Step 1 배경 선택하기

① 배경 선택

• 배경 저장소를 클릭하여 Spotlight Stage를 선택한다.

Step 2 **댄서 스프라이트 선택**

① 01 제자리에서 춤추는 발레리나

발레리나는 맨 앞에서 모양을 바꾸어가며 발레를 하는 동작을 한다.

- 깃발을 클릭하면 좌표 x : −72 y : −87 로 이동한다.
- 다음을 발레를 위한 다음을 무한 반복한다.
    ▸ 다음 모양으로 바꾸기 이용하여 춤추는 동작을 만든다.
    ▸ 0.3 초 기다리기하여 자연스러운 동작을 만든다.
    ▸ 다음 배경으로 바꾸기는 조명이 있는 생동감 있는 무대로 만들어준다.

 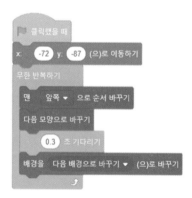

② 춤추며 무대를 이동하는 캐시

춤을 추며 무대 왼쪽에서 오른쪽으로 이동하는 동작을 표현한다. 벽에 닿으면 다시 반대 방향으로 춤을 추며 움직인다.

- 깃발을 클릭하면 좌표 x : 147 , y : −17 로 이동한다.
- 이동하면서 춤의 동작을 보이기 위하여 다음을 무한 반복한다.
  ▸ 맨 앞으로 순서 바꾸기를 하여 겹치지 않게 한다.
  ▸ 10만큼 움직이기를 시작하고 다음 모양으로 바꾸기를 이용하여 춤추는 동작을 만든다. 0.3 초기다리기 하여 자연스러운 동작을 만든다. 벽에 닿으면 튕기기를 하여 반대 방향으로 춤을 추게 한다.

③ 브레이크 댄스를 추는 브레이크 댄서

무대 중앙에서 브레이크 동작을 선보이며 춤을 추는 표현을 해보자

- 깃발을 클릭하면 좌표 x : 9 , y : 5로 이동한다.
- 브레이크 댄서는 무대 중앙 그 자리에서 다음을 무한 반복한다.
  ▸ 0.3 초기다리기 하여 자연스러운 동작을 만든다.
  ▸ 다음 모양으로 바꾸기 하기하여 브레이크 동작표현을 한다.

생일 축하 노래에 맞춰 드럼 연주하기

생일 축하 노래 비트에 맞춰서 드럼을 연주하는 장면을 표현해보자.

⚙️ 동작과정

무대에 있는 은실이가 생일축하 노래에 맞춰 드럼을 연주한다. 노래 박자에 맞춰 드럼 소리를 내고, 각각이 소리를 낼 때 모양이 변하게 하려면 템포와 쉬는 박자를 어떻게 맞춰서 표현해야 할까?

⚙️ Checklist

스프라이트	세 부 동 작

ballerina (은실이)	**깃발 클릭했을 때**
	• 크기를 150%로 정하기
	• 뒤로 5단계 보내기
	• 3박자 쉬기
	• birthday 재생하기
	
	깃발 클릭했을 때
	• 빠르기를 100으로 정하기
	• 다음을 4번 반복하기
	   – 3번 타악기를 0.5박자로 연주하기
	   – 0.25박자 쉬기
	• 다음을 6번 반복하기
	   ▸ 2번 타악기를 0.25박자로 연주하기
	   ▸ 2번 타악기를 0.25박자로 연주하기
	   ▸ 1번 타악기를 0.25박자로 연주하기
	   ▸ 5번 타악기를 0.25박자로 연주하기

drum1 (드럼1)	**깃발 클릭했을 때**
	• 모양을 drum1-a로 바꾸기
	• 맨 앞으로 순서 바꾸기
	• 3박자 쉬기
	• 다음을 6번 반복하기
	   ▸ 모양을 drum1-b로 바꾸기
	   ▸ 0.5박자 쉬기
	   ▸ 모양을 drum1-a로 바꾸기
	   ▸ 1.5박자 쉬기

drum2 (드럼2)	**깃발 클릭했을 때**
	• 모양을 drum2-a로 바꾸기
	• 맨 앞으로 순서 바꾸기
	• 3박자 쉬기
	• 다음을 6번 반복하기
	   ▸ 0.5박자 쉬기
	   ▸ 모양을 drum2-b로 바꾸기
	   ▸ 0.5박자 쉬기
	   ▸ 모양을 drum2-a로 바꾸기
	   ▸ 1박자 쉬기

스프라이트	세 부 동 작
 drum3	🏁 **클릭했을 때** • 모양을 drum snare-a로 바꾸기 • 뒤로 1단계 보내기 • 다음을 4번 반복하기 　‣ 다음 모양으로 바꾸기 　‣ 0.5초 기다리기 • 다음을 6번 반복하기 　‣ 1박자 쉬기 　‣ 모양을 drum snare-b로 바꾸기 　‣ 0.5박자 쉬기 　‣ 모양을 drum snare-a로 바꾸기 　‣ 0.5박자 쉬기
 cymbal	🏁 **클릭했을 때** • 모양을 cymbal-a로 바꾸기 • 뒤로 2단계 보내기 • 3박자 쉬기 • 다음을 6번 반복하기 　‣ 1.5박자 쉬기 　‣ 모양을 cymbal-b로 바꾸기 　‣ 0.5박자 쉬기 　‣ 모양을 cymbal-a로 바꾸기
배경	배경 저장소 : **[party]**
유의사항	**소리 탭에서 birthday를 추가한다.**

Step 1 배경 선택하기

① 배경 선택

• 배경 저장소를 클릭하여 party를 선택한다.

Step 2 은실 스프라이트 선택

① 생일 축하 노래에 맞춰 드럼을 연주하는 은실이

• 깃발 클릭했을 때, 드럼보다 크기가 작지 않도록 크기를 150%로 정하고, 드럼 뒤에 위치해 있을 수 있도록 뒤로 5단계 보내기 한다.

- 생일 축하 노래가 시작하기 전에 드럼스틱을 연주하도록, 3박자를 쉰다.
- birthday를 재생한다.
- birthday와 동시에 드럼 연주가 진행되도록, '깃발 클릭했을 때'를 한 번 더 사용한다.
- 빠르기를 100으로 정하고, 다음을 4번 반복한다.
  - ▸ 노래가 시작되기 전 드럼 스틱 치는 모습을 표현하기 위해, 3번 타악기를 0.5박자로 연주한다.
  - ▸ 드럼스틱 치는 박자 사이에 시간간격을 주기 위해, 0.25박자 쉰다.
- 생일축하노래가 재생되는 동안, 쿵쿵따다 리듬의 드럼 연주를 표현하기 위해, 다음을 6번 반복한다.
  - ▸ 2번 타악기를 0.25박자로 연주한다.
  - ▸ 2번 타악기를 0.25박자로 연주한다.
  - ▸ 1번 타악기를 0.25박자로 연주한다.
  - ▸ 5번 타악기를 0.25박자로 연주한다.

Step 3 드럼1 스프라이트 선택

① 노래에 맞춰 연주되고, 모양이 변하는 드럼1

노래 비트에 맞춰 연주되는 동안 모양이 변하는 드럼을 표현한다.

- 깃발을 클릭했을 때, 모양을 drum1-a로 바꾼다.
- 다른 스프라이트에 가려지지 않도록 맨 앞으로 순서를 바꾼다.
- 노래가 시작하기 전, 드럼스틱 치는 것을 표현하는 동안, 3박자 쉰다.
- 노래 비트에 맞춰 드럼1이 연주되는 모습을 표현하기 위해, 다음을 6번 반복한다.
  ▹ 드럼이 연주된 모습을 표현하기 위해, 모양을 drum1-b로 바꾼다.
  ▹ 0.5박자 쉬고, 드럼1이 연주되지 않는 모습을 표현하기 위해 모양을 drum1-a로 바꾼다.
  ▹ 1.5박자 쉰다.

Step 4 드럼2 스프라이트 선택

① 노래에 맞춰 연주되고, 모양이 변하는 드럼2

노래 비트에 맞춰 연주되는 동안 모양이 변하는 드럼을 표현한다.

- 깃발을 클릭했을 때, 모양을 drum2-a로 바꾼다.
- 다른 스프라이트에 가려지지 않도록 맨 앞으로 순서를 바꾼다.

- 노래가 시작하기 전, 드럼스틱 치는 것을 표현하는 동안, 3박자 쉰다.
- 노래 비트에 맞춰 드럼2가 연주되는 모습을 표현하기 위해, 다음을 6번 반복한다.
  - ▹ 드럼1이 연주되는 동안, 0.5박자 쉰다.
  - ▹ 드럼2가 연주되는 모습을 표현하기 위해, 모양을 drum2-b로 바꾸고, 0.5박자 쉰다.
  - ▹ 드럼3과 심벌즈가 연주되는 동안 연주되지 않는 모습을 표현하기 위해, 모양을 drum2-a로 바꾸고, 1박자 쉰다.

Step 5 **드럼3 스프라이트 선택**

① 노래에 맞춰 연주되고, 모양이 변하는 드럼3

노래 비트에 맞춰 연주되는 동안 모양이 변하는 드럼을 표현한다.

- 깃발을 클릭했을 때, 모양을 drum snare-a로 바꾼다.
- 드럼1 스프라이트를 가리지 않도록 뒤로 1단계 보내기한다.
- 노래가 시작하기 전, 드럼스틱 치는 것을 표현하기 위해, 다음을 4번 반복한다.
  - ▹ 다음 모양으로 바꾸고, 0.5초 기다린다.
- 노래 비트에 맞춰 드럼2가 연주되는 모습을 표현하기 위해, 다음을 6번 반복한다.
  - ▹ 드럼1과 2가 연주되는 동안, 1박자 쉰다.

▶ 드럼3이 연주되는 모습을 표현하기 위해, 모양을 drum snare-b로 바꾸고, 0.5박자 쉰다.

▶ 심벌즈가 연주될 때 연주되지 않는 모습을 표현하기 위해, 모양을 drum snare-a로 바꾸고 0.5박자 쉰다.

Step 6   **심벌즈 스프라이트 선택**

① 노래에 맞춰 연주되고, 모양이 변하는 심벌즈

노래 비트에 맞춰 연주되는 동안 모양이 변하는 심벌즈를 표현한다.

- 깃발을 클릭했을 때, 모양을 cymbal-a로 바꾼다.
- 드럼2 스프라이트를 가리지 않도록, 뒤로 2단계 보내기 한다.
- 노래가 시작하기 전, 드럼스틱 치는 것을 표현하는 동안, 3박자 쉰다.
- 노래 비트에 맞춰 심벌즈가 연주되는 모습을 표현하기 위해, 다음을 6번 반복한다.
  ▶ 드럼1,2,3 이 연주되는 동안 1.5박자 쉰다.
  ▶ 심벌즈가 연주되는 모습을 표현하기 위해, 모양을 cymbal-b로 바꾸고, 0.5박자 쉰다.

▸ 다음 악기가 연주되는 동안 심벌즈 연주를 멈춘 것을 표현하기 위해, 모양을 cymbal-a로 바꾼다.

딱정벌레의 네온사인

배경의 네온 선을 따라 멋진 선을 그리는 딱정벌레를 표현해본다.

⚙️ 동작과정

딱정벌레가 배경의 사각형을 따라 색상을 바꿔가며 선을 그린다. 딱정벌레의 시작 위치에서부터 펜을 이용하여 굵은 선의 사각형을 그리면서 네온사인처럼 보이게 하려면 어떻게 해야 할까? 반복되는 구간은 반복 블록을 이용하고 좌표 값과 방향 바꾸기 설정 및 펜 색깔과 명암을 이용하여 딱정벌레가 네온사인 사각형을 그리도록 한다.

⚙️ Checklist

스프라이트	세 부 동 작

🏁 **Beetle**	🏁 클릭했을 때
	• 펜 블록의 모두지우기 선택
	• 펜 올리기
	• 펜의 굵기를(20)으로 정하기
	• x : −66, y : −44 으로 이동하기
	• 회전방식을 (회전하기)로 정하기
	• 방향전환 90도 방향보기
	• 그리기 단계로 펜 내리기 선택
	• 펜 색깔을 (자주색) 정하기
	• 다음을 6번 반복하기
	  ▸ 펜 색깔을 10 만큼 바꾸기
	  ▸ 펜 명암을 10 만큼 바꾸기
	  ▸ 21만큼 움직이기
	  ▸ 0.5초 기다리기
	• 0도 방향보기
	• 펜 색깔을 (보라색) 정하기
	• 다음을 5번 반복하기
	  ▸ 펜 색깔을 10 만큼 바꾸기
	  ▸ 펜 명암을 10 만큼 바꾸기
	  ▸ 20만큼 움직이기
	  ▸ 0.5초 기다리기
	• 방향전환을 위해 −90도 방향보기
	• 펜 색깔을 (노랑색) 정하기
	• 다음을 6번 반복하기
	  ▸ 펜 색깔을 10 만큼 바꾸기
	  ▸ 펜 명암을 10 만큼 바꾸기
	  ▸ 20만큼 움직이기
	  ▸ 0.5초 기다리기
	• 방향 전환을 위하여 180도 방향보기
	• 펜 색깔을 (빨간색) 정하기
	• 다음을 5번 반복하기
	  ▸ 펜 색깔을 10 만큼 바꾸기
	  ▸ 펜 명암을 10 만큼 바꾸기
	  ▸ 20만큼 움직이기
	  ▸ 0.5초 기다리기

배경	배경 저장소 : **[Neon tunnel]**

Step 1   **배경 선택하기**

① 배경 선택

- 배경 저장소를 클릭하여 Neon tunnel를 선택한다.

Step 2   **딱정벌레 스프라이트 선택**

① 펜으로 선을 그리는 딱정벌레

딱정벌레가 네온 배경을 따라서 펜으로 선을 그린다.

- 깃발을 클릭하면딱정벌레는 펜 블록의 [펜 그리기]를 이용하여 선을 그린다. (이하 모든 블록은 연결된다.)
- 기존 실행되었던 펜의 선을 없애기 위해 지우기를 실행하면서 시작되고 먼저 펜 올리기를 하여 펜으로 그리기 준비를 한다.
- 펜 굵기를 20으로 하여 굵은 선을 그린다.
- 좌표 x : −66, y : −44로 이동 하기하여 시작점으로 간다.
- 구성화면의 형태에 따라 움직이기 위하여 회전 방식을 회전하기로 정한다.

- 동작 블록에서 방향을 설정하기 위하여 90도 방향보기를 하여 구성화면의 오른쪽 방향으로 시작한다.
- 다음 단계는 [펜을 내리기] 블록을 선택하고 펜 색깔을 (자주색) 으로 정하기를 이용하여 색상을 변경한다.

- 다음을 6번 반복하기를 하여 시작점에서 선을 그리기 시작하여 사각형의 아래 오른쪽으로 이동한다.

  ▷ 펜 색깔을 10 만큼 바꾸기를 하면 색상이 변경된다.

  ▷ 펜 명암을 10 만큼 바꾸기를 하면 명암에 따라 색이 화려해 진다.

  ▷ 동작블록의 21 만큼 움직이기를 하여 6번 정도면 오른쪽 끝에 이동한다. 동작이 천천히 이루어지도록 0.5초 기다리기를 한다.

- 동작 블록에서 방향을 설정하기 위하여 0도 방향보기를 하여 구성화면의 위쪽 방향으로 움직인다.

- 펜을 내리기 선택하고 펜 색깔을 보라색으로 정하기를 이용하여 색상을 변경하고 그리기 준비를 한다.

- 사각형 오른쪽 아래에서 오른쪽 위로 선을 그리며 가기위하여 다음을 5번 반복하기 한다.

  ▷ 펜 색깔을 10 만큼 바꾸기를 하면 색상이 변경된다.

  ▷ 펜 명암을 10 만큼 바꾸기를 하면 명암에 따라 색이 화려해 진다.

  ▷ 동작블록의 20 만큼 움직이기를 하고 5번 정도면 오른쪽 위쪽 끝으로 이동한다. 이동 시간의 간격은 0.5초 기다리기를 한다.

- 동작 블록에서 방향을 설정하기 위하여 −90도 방향보기를 하여 구성화면의 사각형 위쪽 오른쪽에서 왼쪽 방향으로 이동한다.
- 펜을 내리기를 선택하고 펜 색깔을 노란색으로 색상을 변경하고 다음을 6번 반복하기를 하여 사각형의 위쪽 면의 선을 그리기 시작한다.
  - ▷ 펜 색깔과 펜 명암을 10 만큼 바꾸기를 하여 색과 명암에 따라 색을 화려하게 만든다. 마지막으로 동작블록의 20 만큼 움직이기를 하고 6번 정도면 오른쪽 위쪽 끝으로 이동한다. 동작이 천천히 이루어지도록 0.5초 기다리기를 한다.

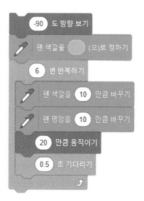

- 배경 사각형 왼쪽 위에서 아래로 내려오는 방향을 설정하기 위하여 180도 방향보기를 설정하여 그리는 준비를 한다.
- 펜을 내리기를 하고 펜 색깔을 빨강색으로 하여 색상을 변경하며 다음을 5번 반복하기를 하여 마지막 사각형 왼쪽 부분 선을 완성한다.
  - ▷ 펜 색깔과 펜 명암을 10 만큼 바꾸기를 하여 색과 명암에 따라 색을 화려하게 만든다. 마지막으로 동작블록의 20 만큼 움직이기를 하고 5번 정도면 오른쪽 위쪽 끝으로 이동한다. 동작이 천천히 이루어지도록 0.5초 기다리기를 한다.

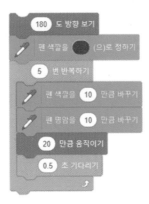

Step 3 딱정벌레 스프라이트 완성 블록

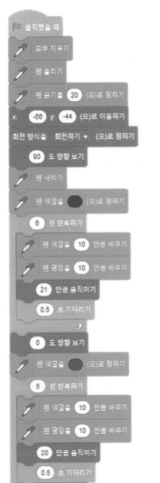

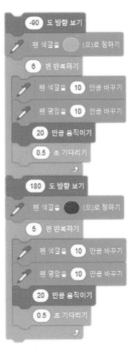

미로 탈출하기

화살표 키를 움직여서 미로를 탈출하는 고양이를 표현하는 프로젝트를 수행해보자.

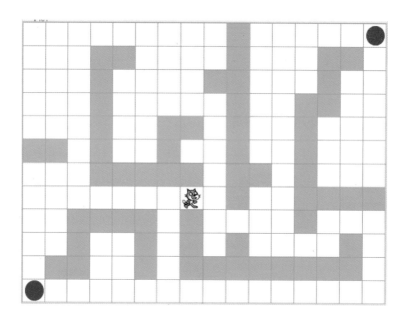

⚙️ 동작과정

고양이가 파란색 원에서 출발하여, 화살표 키를 움직여서 미로를 탈출하여 빨간색 원까지 가야한다. 동작 팔레트의 어떤 블록을 이용하여 전후좌우를 이동하는 동작을 표현할 수 있을까?

서로 인사하는 곰과 고양이

곰과 고양이의 대화가 자연스러운 장면이 되도록 표현해보자.

⚙ 동작과정

야옹이와 곰돌이가 길에서 만났다. 야옹이가 곰돌이를 향해 인사하면, 곰돌이가 손을 흔들면서 만나서 반갑다고 인사한다. 곰돌이의 답을 들은 야옹이도 "반가워" 라고 말하는 장면을 자연스럽게 나타내려면 스크래치의 어떤 블록을 이용해서 표현해야 할까?

트램펄린에서 점프하는 곰돌이

걷다가 트램펄린을 만나면 트램펄린에서 점프하는 곰돌이를 표현하는 프로젝트를 수행해보자.

⚙️ 동작과정

갈색 곰이 해변을 걷다가 트램펄린을 만나면 트램펄린 위로 이동하여 점프를 10번 반복하고 멈춘다. 동작 팔레트의 어떤 블록을 이용하여 점프하는 동작을 표현할 수 있을까?

분주하게 날아다니는 나비

무대 가장자리에서 시작하여 분주하게 날아다니는 나비를 표현하는 프로젝트를 수행해보자.

⚙ 동작과정

나비들이 무대 배경의 네 가장자리에서 시작하여 가운데 방향을 향해 날개 짓하며 분주하게 날아다닌다. 가장자리 위치에서 시작하려면 각 나비 스프라이트의 위치를 어떻게 지정해야 할지, 가운데 방향으로 날도록 하려면 방향은 어떻게 설정해야할지, 어떤 블록을 사용해야 자연스러운 날개 짓과 움직임을 표현할 수 있을지 고민해보자.

배경전환과 함께 나타나는 발레리나

숫자를 5부터 카운트다운 하다가, 배경이 전환되면 발레리나가 나타나는 프로젝트를 수행해보자.

⚙️ 동작과정

비어있는 무대에서 북소리가 울리면서 5부터 카운트다운을 시작한다. 5초가 지나면 스포트라이트가 비치는 무대로 바뀌고, 환호성과 함께 발레리나가 나타나는 장면을 표현하려고 한다. 배경이 바뀜에 따라 발레리나 스프라이트가 나타나고, 효과음을 다르게 하기 위해서는 어떤 블록을 사용해야 할까?

피아노 연주하기

피아노 건반 색깔이 나타내는 음을 연주하는 장면을 표현해보자.

⚙️ 동작과정

무대에 있는 고양이가 "피아노를 쳐볼까?"라고 말하고 피아노를 클릭하면, 피아노의 건반 모양이 확대되어 나타나면서, 건반색깔에 맞는 음이 연주되는 장면을 나타내려고 한다. 건반 모양이 바뀔 때마다 그에 맞는 음을 표현하고, 반복될 때마다, 음량이 커지고, 박자가 빠르게 연주되게 하려면 어떻게 해야 할까?

오륜기 모양 그리기

펜 색깔이 바뀌면서 오륜기 모양이 그려지는 장면을 표현해보자.

⚙️ 동작과정

연필로 원을 반복해서 그리되, 원이 그려질 때마다 펜 색깔이 바뀐다. 펜 내리기와 올리기를 적절히 사용하여 오륜기 모양을 그려보자. 원의 위치에 따라 펜 올리기와 펜 내리기를 어떻게 사용해야 오륜기 모양이 그려질까?

발자국 찍기

괴도 루팡이 침입했다가 발자국만 남기고 사라지는 장면을 표현해보자.

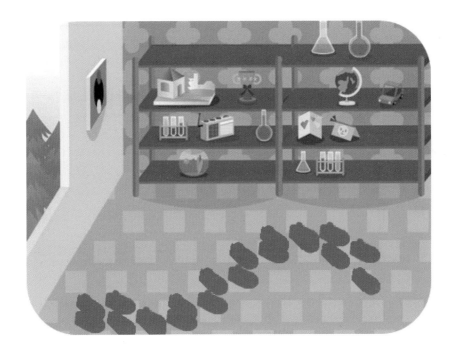

⚙ 동작과정

괴도 루팡이 침입했다. 발자국만 남기고 사라진 괴도 루팡을 표현하려고 한다. 괴도 루팡의 이동에 따라 발자국 흔적을 나타내려면 스크래치의 어떤 블록을 이용해 표현해야 할까?

낮말은 새가 듣고 밤말은 쥐가 듣는다

"낮말은 새가 듣고 밤 말은 쥐가 듣는다." 속담을 표현하는 프로젝트를 수행해보자.

⚙ 동작과정

사람이 나타나서 사막 한 가운데서 "임금님 귀는 당나귀 귀"를 외치면 새가 나타나서 날아다니면서 '비밀은 없어' 라고 생각한다. 배경을 클릭하면 밤으로 바뀌면서 새는 사라지고, 사람이 다시 "임금님 귀는 당나귀 귀"를 외친다. 이번에는 쥐가 나타나서 움직이면서 '비밀은 없어'를 생각한다.

5.2 LEVEL 2

사과 복제하기

사과를 복제하는 프로젝트를 수행해보자.

⚙️ 동작과정

마법사가 "사과야 열려랏!"이라고 말하면, 나무에 열릴 개수를 묻고 대답한 개수대로 나무에 사과가 열린다. 복제하기를 이용하여 나무 위치에 사과가 열리도록 하려면 어떻게 해야 할까?

⚙️ Checklist

스프라이트	세 부 동 작
마법사 **wizard1**	깃발 클릭했을 때 • x좌표 −150, y좌표 −80으로 이동하기 • "사과야 열려랏!!!"을 2초 동안 말하기
사과 **apple**	깃발 클릭했을 때 • 숨기기 • 2초 기다리기 • "몇 개가 열릴까"를 묻고 기다리기 • '대답' 번 반복하기 ▸ 나 자신 복제하기 복제되었을 때 • 보이기 • 크기를 70%로 정하기 • 나무 위치로 이동하기 • x좌표를 10부터 230사이의 난수로 정하기 • y좌표를 −20부터 170사이의 난수로 정하기

나무
tree1
	깃발 클릭했을 때
	  ▸ 크기를 200%로 정하기
	  ▸ 뒤로 5단계 보내기
	  ▸ x좌표 130, y좌표 −60으로 이동하기

배경	배경 저장소 : **[blue sky]**

Step 1 **배경 선택하기**

① 배경 선택

• 배경 저장소를 클릭하여 blue sky를 선택한다.

Step 2 **마법사 스프라이트 선택**

① 사과가 몇 개 열리게 할 것인지 질문에 대답하는 마법사

나무에 사과가 열리라고 말하는 마법사를 나타낸다.

- 깃발을 클릭하면 x좌표를 −150, y좌표 −80으로 이동한다.
- "사과야 열려랏!!!"을 2초 동안 말한다.

Step 3 **사과 스프라이트 선택**

① 대답한 개수대로 나무에 열리는 사과

질문에 대답한대로 복제되어 나무로 복제되는 사과를 표현한다.

- 깃발을 클릭하면 숨기기 한다.
- 마법사가 말하는 동안의 시간간격을 주기 위해, 2초 기다린다.
- "몇 개가 열릴까?" 묻고 기다린다.
- 나자신 복제하기를 '대답'번 반복한다.

- 복제되었을 때, 보이기하고, 크기를 70%로 정한다.
- 나무위치로 이동하고, 나무의 잎 부분에 사과가 복제되도록, x좌표를 10부터 230 사이의 난수로 정한다.

• y좌표를 −20부터 170 사이의 난수로 정한다.

Step 4 나무 스프라이트 선택

① 사과가 열리는 나무

사과가 복제되어 열리는 나무를 표현한다.

• 깃발을 클릭하면, 무대 한쪽을 전부 차지할 수 있도록 크기를 200%로 정한다.
• 사과가 복제되어 나무에 열릴 때, 나무에 가려지지 않도록 뒤로 5단계 보내기 하고, x좌표 130, y좌표 −60으로 이동한다.

헤드라이트를 켜는 자동차

도시를 달리던 자동차가 어둠이 내리는 저녁에는 헤드라이트를 켜고 달리는 모습을 표현해보자.

⚙️ 동작과정

도시를 달리던 자동차가 배경 오른쪽 끝을 만나면 길이 어두워지고, 자동차는 헤드라이트를 켜서 어두운 길을 환하게 밝히며 달린다. 다시 벽에 닿으면 길은 밝아지고 헤드라이트는 꺼진다. 이런 동작은 어떻게 표현 할 수 있을까?

⚙️ **Checklist**

스프라이트	세 부 동 작
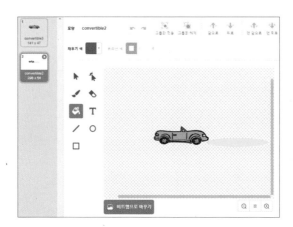 Convertible3 Convertible2	🚩 **클릭했을 때** • x : -164, y : -69 으로 이동하기 • 다음을 무한 반복하기 　▸ 배경을 night city with street 으로 바꾸기 　▸ 모양을 convertible3 로 바꾸기 　▸ 만약 벽에 닿았는가? 라면 　　- 배경을 night city 로 바꾸기 　　- x:-164, y:-69로 이동하기 　　- 모양을 convertible2 로 바꾸기 　　- 3초 동안 x : 174, y : -66 으로 이동하기 　▸ 만약 벽에 닿았는가? 라면 　　- x:-164, y:-69로 이동하기 　▸ ~아니면 　　- 3초 동안 x : 174, y : -66 으로 이동하기
배경	배경 저장소 : [Night city with street], [Night city]

Step 1 **배경 선택하기**

① 배경 선택

• 배경 저장소를 클릭하여 Night city with street, Night city를 선택한다.

Step 2 **자동차 스프라이트 선택**

① 헤드라이트를 켜는 자동차

달리는 자동차가 어둠이 내리는 도시가 되면 헤드라이트를 켠다.

- 자동차 스프라이트를 복사하여 그림판에서 타원을 노란색으로 채우고 헤드라이트 모습을 만들어 놓는다.
- 깃발을 클릭했을 때 자동차는 x:-164, y:-69로 이동한다.
- 자동차가 도시를 계속 달리기 위하여 아래를 무한 반복한다.

- 배경을 [night city with street] 로 시작하고 자동차 스프라이트 모양을 convertible3 로 바꾸기 한다.
- 일정하게 움직이고 만약 벽에 닿았는가? 라면 어두운 도시를 표현하기 위하여 배경을 [night city] 로 바꾸고 자동차가 처음에 출발했던 위치x:-164, y:-69로 이동하기 하여 시간과 장소의 변함을 표현한다.
- 모양을 convertible2 로 바꾸기 하여 헤드라이트를 켠 자동차를 표현한다. 그리고 3초 동안 x:174, y:-66 으로 이동하기 한다.
- 만약 벽에 닿았는가? 라면 다음 배경 처음으로 가기위해서 x:-164, y:-69로 이동하기하고 아니면 3초 동안 벽으로 닿기 위해 위치 값을 x : 174, y : -66 으로 이동하기 한다.

배경이 바뀔 때마다 계절을 말하는 피코

배경이 바뀔 때마다, 피코가 계절 변화를 말하는 프로젝트를 수행해보자.

⚙️ 동작과정

피코가 걸어가면서 배경의 계절을 말한다. 벽에 닿으면 다른 배경으로 바뀌면서 바뀐 배경의 계절을 말한다. 배경이 바뀌면서 계속 걸어가고 있는 모습을 표현하려면 어떻게 해야 할까? 배경이 달라질 때마다 바뀐 계절을 말하는 장면 표현은 어떤 블록을 사용하면 될까?

⚙️ Checklist

스프라이트	세 부 동 작

![Pico walking]
 	
Pico walking
	깃발 클릭했을 때
	• 크기를 80%로 정하기
	• x : −190, y : −120으로 이동하기
	• 다음을 무한 반복하기
	  ‣ 10만큼 움직이기
	  ‣ 다음모양으로 바꾸기
	  ‣ 0.2초 기다리기
	  ‣ 만약 벽에 닿으면
	    – x좌표를 −400만큼 바꾸기
	    – 배경을 다음배경으로 바꾸기
	    – 배경전환 방송하기
	
	배경전환을 받았을 때
	• 만약 배경이름이 봄이라면
	  ‣ 봄이다 말하기
	• 만약 배경이름이 여름이라면
	  ‣ 여름이다 말하기
	• 만약 배경이름이 가을이라면
	  ‣ 가을이다 말하기
	• 만약 배경이름이 겨울이라면
	  ‣ 겨울이다 말하기

Step 1 배경 선택하기

① 배경 선택

• 배경 저장소를 클릭하여 forest를 선택한다. 각각의 계절을 표현하도록, 적절한 배경을 배경 탭에서 추가한다.

Step 2 피코 스프라이트 선택

① 벽에 닿을 때마다 배경이 바뀌면서 계속 걸어가는 피코

• 깃발을 클릭했을 때, 크기를 80%로 정하고, 무대의 좌측에 위치하도록 x좌표 −190, y좌표 −120으로 이동한다.

• 계속 걸어가는 장면을 표현하기 위해, 다음을 무한 반복한다.

  ‣ 10만큼 움직이고, 다음모양으로 바꾼 다음에, 0.2초 기다린다.

▸ 만약 벽에 닿으면

  − 다시 무대 왼쪽에서부터 걸어가는 장면이 되도록, x좌표를 −400만큼 바꾸고, 배경을 다음 배경으로 바꾼 후, 배경전환을 방송한다.

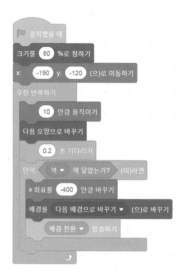

② 배경이 바뀔 때마다 계절을 말하는 피코

• 배경 전환을 받았을 때

• 배경이름이 봄이라면, "봄이다~!"를 말한다.

• 배경이름이 여름이라면, "여름이다~!"를 말한다.

• 배경이름이 가을이라면, "가을이다~!"를 말한다.

• 배경이름이 겨울이라면, "겨울이다~!"를 말한다.

소녀 발레리나 무대공연

진행자의 소개를 받으며 공연을 시작하는 발레리나를 표현해 보자.

⚙ 동작과정

소녀 발레리나가 진행자의 소개를 받으며 멋진 무대 공연을 준비한다. 먼저 무대를 클릭하면 진행자는 무대 중앙에 서서 "발레리나의 무대입니다." 라고 발레리나의 순서를 말한다. 그리고 무대 오른쪽으로 걸어서 나가고 오른쪽 무대 벽을 만나면 사라진다. 이어서 무대 배경 색이 바뀌고 발레리나가 나타나서 춤동작을 하며 공연이 시작된다. 이렇게 연결되는 동작은 어떻게 표현하는지 이 순서를 따라서 이 공연의 기획을 해 보자~!!

⚙️ Checklist

스프라이트	세 부 동 작
  전행자 **Avery_a**	(쇼를 시작)을 받았을 때 • x : 0, y : 0 으로 이동하기 • 보이기 • 'Hello!'를 0.5초 동안 말하기 • 모양을 (Avery_a)로 바꾸기 • '발레리나의 무대입니다.! '를 1초 동안 말하기

전행자
 	
Avery_b
	• 다음을 5번 반복하기
	  ‣ 50만큼 움직이기
	  ‣ 다음 모양으로 바꾸기
	  ‣ 만약에 (벽에 닿았는가)라면
	    – 숨기기
	  ‣ 0.2초 기다리기
	• (춤을 춘다) 방송하기

발레리나
 	
Ballerina
	(쇼를 시작)을 받았을 때
	• 숨기기
	
	(춤을 춘다)를 받았을 때
	• 보이기
	• 다음을 무한 반복하기
	  ‣ 다음 모양으로 바꾸기
	  ‣ 1초 기다리기

배경	세 부 동 작
  배경 **Stage1**	배경을 클릭했을 때 • (쇼를 시작) 방송하기 춤을 춘다를 받았을 때 • 다음을 무한반복하기 ‣ 색깔을 25만큼 바꾸기
배경	배경 저장소 : [Stage1]

Step 1 배경 선택하기

① 배경 선택

• 배경 저장소를 클릭하여 Stage1 을 선택한다.

Step 2 **무대 스프라이트 선택**

① 배경인 무대를 클릭하면 시작

배경을 클릭하여 시작하면 진행자가 나오고 진행자의 순서에 따라서 발레리나가 공연을 하도록 한다.

* 배경인 무대를 클릭했을 때 공연 시작하며 (쇼를 시작) 방송하기를 하여 진행자의 동작을 기다린다.
* 이 방송 메시지는 발레리나는 숨기기를 하고 진행자에게는 무대의 정해진 위치에 보이기를 하여 진행을 한다.

* 다음을 무한 반복한다.
  ▶ 색깔효과를 25만큼 바꾸기를 하여 무대를 화려하게 한다.

Step 3 **진행자 스프라이트 선택**

① 발레리나를 소개하는 진행자

배경을 클릭하여 쇼를 시작 방송을 받으면 진행자가 나오고 발레리나를 소개한다. 그리고 무대 오른쪽으로 걸어서 나간다.

* (쇼를 시작)을 받았을 때 시작하며 진행자는 무대 중앙 위치 x:0, y:0 으로 이동한다.
* 보이기를 하여 진행자가 무대 중앙에 보인다.
* 'Hello!'를 0.5초간 말하기를 할 때 진행자는 말하는 모습을 위해 모양을 avery-a 로 바꾸기 한다. '발레리나의 무대입니다.!'를 1초 동안 말하기를 하여 발레리나의 소개를 한다.

- 걸어서 무대 밖으로 나가기 위하여 다음을 5번 반복한다.

  ▸ 50만큼 움직이기를 하고 다음 모양으로 바꾸기 하여 걸어가는 동작 재연한다.

  ▸ 만약에 (벽에 닿았는가) 라면 숨기기를 하여 무대에서 사라지게 하고 0.2초 정도
    기다리기하여 동작의 연결을 자연스럽게 하고 (춤을 춘다) 방송하기 하여 발레리
    나에게 메시지를 알린다.

Step 4 **발레리나 스프라이트 선택**

① 공연을 하는 발레리나

발레리나는 쇼를 시작을 받았을 때는 진행자의 순서가 먼저이기 때문에 숨기기를 하였
다가 진행자의 '춤을 춘다' 방송에 무대에 보이기를 한다.

- (쇼를 시작)을 받았을 때는 진행자의 순서가 먼저이기 때문에 숨기기를 한다.

- (춤을 춘다)를 방송을 받았을 때 보이기를 하고 발레를 하기 위하여 다음을 무한 반복을 한다.
  ▸ 다음 모양으로 바꾸기를 하여 발레하는 동작을 보인다.

달을 향해 날아간 비행기

비행기가 도시를 떠나 하늘을 날아오른다. 달을 지날 때는 비행기가 작아지도록 표현해 보자.

⚙️ 동작과정

도시를 가로질러 날아오르는 비행기를 표현한다. 비행기가 이륙할 때는 도시의 밤 배경에서 출발하고, 도시 화면을 대각선 방향으로 날던 비행기는 화면의 끝으로 가면 배경이 바뀌어 우주로 날아간다. 바뀐 배경에서는 왼쪽에서 오른쪽으로 수평으로 비행하게 한다. 비행기가 우주 배경에 있는 달에 닿으면 비행기의 크기는 작아진다. 이런 비행기의 모습은 어떻게 표현 할 수 있을까?

⚙ **Checklist**

스프라이트	세부동작

Airplane	깃발 클릭했을 때
	• x : −127, y : −118 으로 이동하기
	• 크기를 100%로 정하기
	• 배경을 city with water 로 바꾸기
	• 다음을 20번 반복하기
	  ▸ 만약에 벽에 닿았는가? 이면
	    – 배경을 space로 바꾸기
	  ▸ 아니면
	    – x좌표를 15만큼 바꾸기
	    – y좌표를 15만큼 바꾸기
	    – 0.1초 기다리기
	
	배경이 space로 바뀌었을 때
	• x:−136, y:108로 이동하기
	• 다음을 90번 반복하기
	  ▸ 3만큼 움직이기
	  ▸ 만약 (노란)색에 닿았는가? 이라면
	    – 크기를 70%로 정하기
	    – 맨 앞으로 순서 바꾸기

Ball	깃발 클릭했을 때 • x:146, y:120 으로 이동하기 • 크기를 200%로 정하기 • 숨기기 배경이 space로 바뀌었을 때 • 보이기 배경이 city with water 로 바뀌었을 때 • 숨기기
배경	배경 저장소 : [space], [city with water]

Step 1 **배경 선택하기**

① 배경 선택

• 배경 저장소를 클릭하여 Space, City with water를 선택한다.

Step 2 **비행기 스프라이트 선택**

① 날아오르는 비행기

비행기는 도시 배경을 대각선으로 날아오르다가 화면 끝에 다다르면 배경이 우주로 바뀌고 수평을 유지하며 날아간다. 비행기가 달에 가까이 가면 크기가 작아진다.

- 깃발을 클릭했을 때 비행기 시작위치는 x:−127, y:−118로 이동한다.
- 크기를 100%로 정하기로 하고 배경을 [city with water] 로 바꾸기 하여 비행기의 출발은 도시배경으로부터 시작한다.
- 비행기가 도시를 배경으로 대각선으로 날아오르는 동작을 보이기 위하여 다음을 20번 반복한다.
  ▸ 도시배경의 화면에서 벽에 닿았는가? 라면 배경을 [space]로 바꾸기를 하고 아니면
  ▸ x좌표를 15만큼 바꾸기 그리고 y좌표를 15만큼 바꾸기를 하여 비행기가 대각선으로 날아오르게 하는 이동 좌표 위치이다. 동작을 자연스럽게 하기 위하여 0.1초 기다리기 한다.

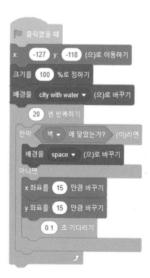

- 배경이 [space]로 바뀌었을 때 시작 위치를 배경 왼편 끝으로 이동하기 위하여 x:−136, y:108로 이동하기하고 수평 비행을 준비한다.
- 달에 가까이 가기 위하여 다음을 90번 반복한다.
  ▸ 3만큼 움직이기는 아주 천천히 비행하는 동작을 보인다.

▸ 만약에 (노란) 색에 닿았는가? 라면 달에 닿은 경우로 일단 비행기 크기를 70%로 사이즈를 줄이고 달 앞으로 비행하기 위하여 맨 앞으로 순서 바꾸기를 한다.

Step 3 달 스프라이트 선택

① 비행기를 만나는 달

비행기가 달에 가까이 가면 비행기는 사이즈를 줄이고 비행을 한다.

- 깃발을 클릭했을 때 달은 x:146, y:120로 이동한다.
- 크기를 200% 로 정해서 높고 큰 달을 만드는데 이는 비행기가 닿았을 때 작아지는 효과를 더 돋보이기 위해서 이다.
- 시작할 때는 시작 배경인 도시에서 보이면 안 되니까 숨기기를 한다.

- 배경이 [space] 로 바뀌었을 때 보이기를 한다.
- 배경이 [city with water]로 바뀌었을 때 숨기기를 한다.

스피커 음악에 따라 춤추기

스피커를 클릭하면 음악이 나오면서, 댄서가 춤추는 프로젝트를 수행해보자.

⚙ 동작과정

빈 무대에서 스피커를 클릭하면 음악이 재생되면서 스피커가 비트에 따라 크기가 변한다. 음악이 재생되면 무대에 댄서가 나와서 춤을 춘다. 스피커를 클릭했을 때, 스피커 크기가 변하고, 댄서가 춤추는 장면을 동시에 수행하려면 어떤 블록을 사용하면 될까?

공 튕기기 게임

컬러막대를 움직여서 공을 튕기는 게임을 구현해보자.

⚙️ 동작과정

컬러막대를 오른쪽, 왼쪽 화살표 키를 눌러 움직여서 무작위로 움직이는 공을 받아내는 게임이다. 컬러막대의 색깔마다 점수가 다르게 올라가고, 공이 컬러막대에 닿을 때마다 튕겨지는 모습을 표현하려면 어떻게 해야 할까?

길을 찾아 헤매는 고양이

길을 찾아 여러 도시를 헤매는 고양이 모습을 표현해 보자.

⚙️ 동작과정

고양이가 계속해서 보도블록을 걷고 있다. 벽에 닿으면, 다른 도시의 풍경이 나타난다. 계속해서 같은 방법으로 여러 도시의 배경을 준비하고 배경 바꾸기를 하여 변화를 표현한다. 배경이 바뀌었을 때, 숲속의 길이 난 배경이라면 고양이는 좌표 값을 바꾸어서 숲 속의 길을 걸어간다. 배경이 달라질 때마다 고양이가 배경 속 길을 따라 움직이도록 표현한다.

수리수리 마수리~마술쇼~!

마술사가 하트를 비둘기로 비둘기를 하트로 변하게 하는 프로젝트를 수행해보자.

⚙️ 동작과정

수리수리 마수리~ 재미있는 마술쇼를 표현해보자. 마술 봉을 들고 있는 마술사를 클릭하면 "하트" 또는 "비둘기"를 말한다. 마술사가 '비둘기'를 말하면 팝! 소리가 나면서 비둘기가 날개 짓을 하며 나타난다. 다시 마술사를 클릭하여 '하트'를 말하면 팝! 소리가 나면서, 비둘기가 색상이 변하는 하트로 바뀐다.

마법사 얼음결정 격파 게임

무작위로 떨어지는 얼음결정을 향해 마법사가 좌우로 움직이면서 마술봉을 발사해서 격파하는 프로젝트를 수행해보자.

⚙️ 동작과정

마법사는 오른쪽, 왼쪽 화살표 키를 누를 때마다 좌우로 움직이고, 준비 방송을 하면 마술봉이 마법사 손에 위치하도록 한다. 마법사가 발사 방송을 할 때마다, 마술봉이 복제되어 하늘로 발사된다. 얼음결정은 복제되어 무작위로 하늘에서 떨어지고, 마법사가 쏘아올린 마술봉에 맞거나, 마법사 또는 땅에 닿으면 사라진다.

추락하는 과일받아서 샐러드 만들기

무작위로 떨어지는 과일을 받아 샐러드를 만드는 프로젝트를 수행해보자.

⚙️ 동작과정

사과, 오렌지, 수박이 무작위로 떨어진다. 오른쪽, 왼쪽 화살표를 눌러 바구니를 움직여서 떨어지는 과일을 받아 샐러드를 만드는 게임을 표현해보자. 각 과일을 바구니에 받을 때마다 점수가 올라가고, 못 받으면 점수가 떨어진다. 과일마다 점수를 다르게 하고, 일정 시간 내에 일정 점수 이상이 되면 화면에 "SUCCESS"가 뜨고 바구니가 샐러드 그릇으로 바뀌면서 종료되고, 일정 시간 내에 점수를 못 채우면 "GAME OVER"가 화면에 나타나면서 종료되도록 하려면 어떻게 해야 할까?

파랑새를 피해 도망가는 무당벌레

파랑새를 피해 도망가는 무당벌레를 표현하는 프로젝트를 수행해보자.

⚙️ 동작과정

무당벌레가 자유롭게 움직이다가 파랑새에 닿으면 소리를 내면서 크기가 줄어들고, 더 빨리 움직여서 파랑새로부터 도망간다. 도망간 무당벌레와 파랑새가 일정거리만큼 멀어지면 다시 원래 크기로 돌아오도록 하려면 어떻게 구현해야 할까? 또, 무당벌레가 파랑새에 닿았을 때마다 크기가 계속 줄어들다가 일정크기만큼 줄어들면 사라지고, 잠시 후에 랜덤 위치에서 원래 크기로 나타나도록 하려면 어떻게 해야 할까?

무당벌레 잡는 개구리

무당벌레를 쫓아가서 잡아먹는 개구리를 표현하는 프로젝트를 수행해보자.

동작과정

무당벌레는 화살표 키로 움직이고, 마우스를 클릭하면 그 위치에 개구리가 나타난다. 무당벌레가 개구리와 일정 거리이하로 가까워지면 개구리가 무당벌레를 쫓아간다. 개구리가 무당벌레를 잡으면, 무당벌레는 사라지고, 그 자리에 유령이 나타나서 하늘로 올라간다. 감지 블록을 적절히 활용하여 이 장면을 표현해보자.

떨어지는 폭탄을 피하는 로켓

무작위로 떨어지는 폭탄을 피해 움직이는 로켓을 프로젝트를 수행해보자.

⚙️ 동작과정

무작위로 떨어지는 폭탄을 피해 움직이는 로켓을 표현하려고 한다. 배경이 되는 화면은 계속 세로방향으로 움직이면서 장면전환이 일어나고, 폭탄에 로켓이 닿았을 때는, 로켓이 사라지고 수명도 줄어든다. 일정 시간이 지난 후, 다시 로켓이 등장하여 폭탄을 피하고, 수명이 다하면 게임오버 화면으로 전환되는 프로젝트를 수행하려면 어떻게 해야 할까?

5.3 LEVEL 3

촛불들의 향연~ 몇 개가 모였을까요!

촛불이 켜지면서 하나 둘 복사하며 줄을 맞추어 나타나도록 표현해보자.

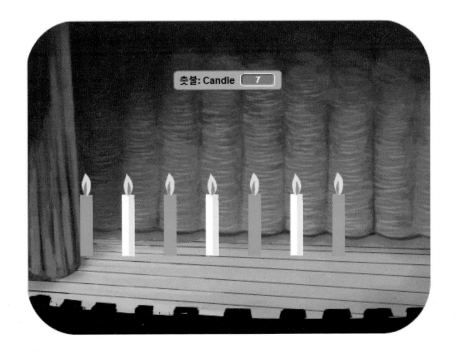

⚙ 동작과정

처음에 하나의 촛불이 등장하고 곧 이어서 하나, 둘씩 무대 위로 나타난다. 초가 등장할 때 마다 일련번호가 촛불 위로 보인다. 하얀 초를 시작으로 초의 모양이 바뀌면서 복사된다. 초가 하나씩 생성될 때 마다, 일련번호가 증가하려면 어떻게 해야 할까?

⚙️ Checklist

스프라이트	세부 동작

촛불
Candle1-a
 	
촛불
Candle1-b
	깃발 클릭했을 때
	• 모두 지우기
	• x:−220, y: −15로 이동하기
	• Candle 변수를 0으로 정하기
	• 다음을 7번 반복하기
	  ‣ candle을 1만큼 바꾸기
	  ‣ 50만큼 움직이기
	  ‣ 다음 모양으로 바꾸기
	  ‣ 도장 찍기
	  ‣ Candle 변수를 0.5초 동안 말하기
	  ‣ 1초 기다리기

배경	배경 저장소 : [Stage1]
변수	Candle 초의 개수를 카운트한다.

Step 1 **배경 선택하기**

① 배경 선택

• 배경 저장소를 클릭하여 Stage1을 선택한다.

Step 2 **촛불 스프라이트**

① 복사되면서 나타나는 촛불

무대 왼편부터 하나의 촛불이 시작하여 무대 오른쪽 까지 일정한 간격으로 도장을 찍으며 복사되면서 나타난다. 그리고 각 촛불은 몇 번째 인지 메시지를 보낸다.

• 촛불은 복사를 하고 페인트 통을 이용하여 색상을 변경해둔다.

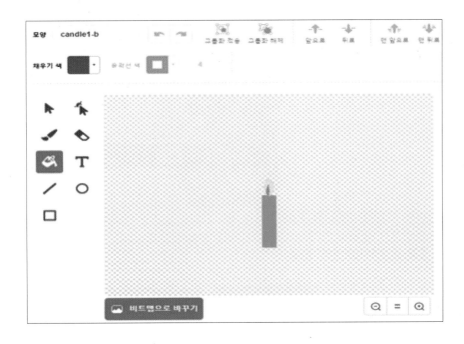

- 깃발을 클릭하면 지우기를 하여 기존에 실행했던 복사된 촛불을 다시 모두 없애고 원본 촛불 위치를 x:−220, y−15로 시작 위치를 정한다.
- 촛불이 몇 번째 인지 카운트를 할 변수 Candle을 만들고 초기 값을 0으로 정한다.

- 다음을 7번 반복하여 초를 복사하면서 나타나게 한다.
  ▸ Candle 변수를 1만큼 바꾸기 하여 촛불을 카운트하기 시작한다.
  ▸ 50만큼 움직이기 하여 일정한 간격을 만들고 다음 모양으로 바꾸기를 한다. 그림판에서 복사하여 만든 두 번째 촛불 모양으로 바꾼다.
  ▸ 도장 찍기를 하여 촛불 원본을 복사하고 Candle 변수를 0.5초 동안 말하기를 하여 몇 번째인지 메시지로 보이게 한다. 그리고 1초 기다리기 하여 동작 연결을 자연스럽게 한다.

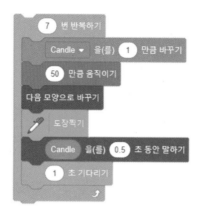

Step 3   촛불 스프라이트 완성 블록

마녀와 풍선들

마녀가 빗자루 타고 날아다니며 숫자를 세고 합계를 더하면 풍선이 하나 둘씩 복사되어 나타나게 해보자.

⚙️ 동작과정

마녀가 들판을 날아다니며 숫자를 외친다. 숫자 하나를 말할 때 마다 풍선이 하나씩 등장한다. 마녀는 날아다니면서 색이 변하며, 외친 숫자를 누적하여 더한 값을 말한다. 풍선은 하늘에 랜덤 위치로 보이고 하나의 풍선이 나타날 때 마다 색상이 바뀌며 복사해서 나타나려면 어떻게 표현을 해야 할까?

⚙️ Checklist

스프라이트	세 부 동 작

Witch	**깃발 클릭했을 때**
	• 변수 n을 1로 정하기
	• 변수 sum을 0으로 정하기
	• 다음을 10번 반복하기
	  ▸ 색깔 효과를 50만큼 바꾸기
	  ▸ 30만큼 움직이기
	  ▸ 15도 돌기
	  ▸ 0.2초 기다리기
	  ▸ 벽에 닿으면 팅기기
	  ▸ sum변수를 sum + n 으로 정하기
	  ▸ n변수와 '일 때' 와 '누적된 합계'와 sum변수 결합하기를 1초 동안 말하기
	  ▸ n변수를 1만큼 바꾸기
	  ▸ 풍선나와 방송하기
	  ▸ '합계' 와 sum 변수를 1초 동안 말하기

Balloon1	**깃발 클릭했을 때** • 지우기 **풍선나와를 받았을 때** • 도장 찍기 • 랜덤위치로 이동하기 • pop 재생하기 • 다음 모양으로 바꾸기
변수	sum, n
배경	배경 저장소 : **[Hay field]**

Step 1 배경 선택하기

① 배경 선택

• 배경 저장소를 클릭하여 Hay field를 선택한다.

Step 2 **마녀 스프라이트 선택**

① 날아다니며 숫자 세는 마녀

넓은 들판을 배경으로 마녀가 날아다니며 숫자를 카운트하고 합계를 계산한다. 마녀가 숫자를 셀 때마다 풍선이 하나 둘씩 복사되어 나타난다.

- 깃발을 클릭하면 변수 n은 1로 변수 sum은 초기화로 0으로 정한다.
- n변수는 마녀가 카운트를 할 숫자를 저장할 변수이다.
- sum 변수는 n 변수가 증가할 때 마다 그 값을 누적할 변수 이다.

- 다음을 10번 반복하는데 숫자 1부터 10까지 카운트하고 누적하기 위해서이다.
  - ▶ 마녀는 날아다닐 때 색깔효과 50만큼 바꾸기를 해서 매번 화려하게 변하게 한다.
  - ▶ 30만큼 움직이기하고 15도 돌기로 반복하여 자유로이 날아다니는 동작 표현을 한다.
  - ▶ 0.2초 기다리기 하여 자연스러운 동작을 만들고 벽에 닿으면 화면에서 사라지지 않기 위하여 벽에 닿으면 튕기기를 한다.
  - ▶ sum변수를 sum변수+ n 변수로 정하기를 하여 값을 누적한다.
  - ▶ 현재 n, sum 변수를 화면에 보이기 위하여 n변수 와 '일 때' 와 ' 누적된 합계는 '와 sum변수 결합하기를 1초 동안 말하기를 설정한다.
  - ▶ n변수를 1만큼 바꾸기를 한다.
- 반복이 끝나면 마지막에 마녀는 합계를 1초 동안 말하고 끝난다.

Step 3   풍선 스프라이트 선택

① 복사되어 나타나는 풍선들

마녀가 숫자를 카운터 하고 하나씩 증가할 때 마다 풍선이 하나 둘씩 복사되어 나타난다.

- 깃발을 클릭하면 지우기를 하여 이전에 실행되어 복사된 풍선들을 지우고 시작한다.

- 마녀 블록에서 풍선나와를 받았을 때 다음을 동작한다.
- 도장 찍기를 하여 복사를 하고 랜덤위치로 이동하기를 하여 들판의 무작위 랜덤한 위치로 나타나게 한다. 그리고 나타날 때 마다 pop를 재생하여 풍선의 나타남을 표시해준다. 다음 모양으로 바꾸기하여 풍선의 색상이 골고루 나오게 한다.

신상정보를 말하는 영희

변수와 리스트를 이용하여, 이름, 나이, 고향 등의 신상정보를 말하는 프로젝트를 수행해보자.

⚙ 동작과정

변수를 이용해서 이름, 나이, 사는 곳을 입력받아 순차적으로 말하도록 한다. 리스트를 사용해서도 동일한 내용을 작성해보자. 변수와 리스트을 둘 다 사용하여 동일한 내용을 입력받고 말하려면, 변수와 리스트를 각각 어떻게 활용해서 작성해야 할까?

⚙ **Checklist**

스프라이트	세 부 동 작
 Abby	〈변수 이용〉 **깃발** 클릭했을 때 • 변수 '이름'을 0으로 정하기 • 변수 '나이'를 0으로 정하기 • 변수 '고향'를 0으로 정하기 • "이름은?" 묻고 기다리기 • 대답을 '이름' 변수에 저장하기 • "나이는?" 묻고 기다리기 • 대답을 '나이' 변수에 저장하기 • "사는 곳은?" 묻고 기다리기 • 대답을 '고향' 변수에 저장하기 • 1초 기다리기 • "내 이름은"과 변수 '이름', "입니다"를 결합하여 2초 동안 말하기 • "내 나이는"과 변수 '나이', "입니다"를 결합하여 2초 동안 말하기 • "사는 곳은"과 변수 '고향', "입니다"를 결합하여 2초 동안 말하기 〈리스트 이용〉 **깃발** 클릭했을 때 • '신상정보' 리스트에서 모든 항목 삭제하기 • "이름은?" 묻고 기다리기 • 대답을 '신상정보' 리스트에 추가하기 • "나이는?" 묻고 기다리기 • 대답을 '신상정보' 리스트에 추가하기 • "사는 곳은?" 묻고 기다리기 • 대답을 '신상정보' 리스트에 추가하기 • "내 이름은"과 '신상정보 리스트의 1번째 항목', "입니다"를 결합하여 2초 동안 말하기 • "내 나이는"과 '신상정보 리스트의 2번째 항목', "입니다"를 결합하여 2초 동안 말하기 • "사는 곳은"과 '신상정보 리스트의 3번째 항목', "입니다"를 결합하여 2초 동안 말하기 〈변수와 리스트 둘 다 이용〉 **깃발** 클릭했을 때 • 신상정보 리스트에서 모든 항목 삭제하기 • 변수 '이름'을 0으로 정하기 • 변수 '나이'를 0으로 정하기 • 변수 '고향'를 0으로 정하기 • 변수 'N'을 0으로 정하기 • "이름은?" 묻고 기다리기 • 대답을 '이름' 변수에 저장하기 • '이름' 변수항목을 '신상정보' 리스트에 추가하기 • "나이는?" 묻고 기다리기

스프라이트	세부 동작
	• 대답을 '나이' 변수에 저장하기
	• '나이' 변수항목을 '신상정보' 리스트에 추가하기
	• "사는 곳은?" 묻고 기다리기
	• 대답을 '고향' 변수에 저장하기
	• '고향' 변수항목을 '신상정보' 리스트에 추가하기
	• '신상정보의 길이'와 변수 'N'이 같아질 때 까지 반복하기
	‣ 'N'을 1만큼 바꾸기
	‣ 'N'번째 신상정보 항목을 2초 동안 말하기

Step 1 **배경 선택하기**

① 배경 선택

• 배경 저장소를 클릭하여 urban을 선택한다.

Step 2 **변수를 이용하여 신상정보를 말하는 영희**

① 영희 스프라이트 선택

변수를 이용하여 이름, 나이, 고향을 입력받고, 순차적으로 말한다.

• 깃발을 클릭하면 동작을 시작한다.
• 변수 '이름' ,'나이', '고향'을 0으로 정한다.
• "이름은?"을 묻고 기다리기 하고, 대답을 '이름' 변수에 저장한다.
• "나이는?"을 묻고 기다리기 하고, 대답을 '나이' 변수에 저장한다.
• "고향은?"을 묻고 기다리기 하고, 대답을 '고향 '변수에 저장한다.
• 1초 기다린다.
• "내 이름은"과 '이름' 변수를 결합하고, "입니다"를 결합하여 2초 동안 말한다.
• "내 나이는"과 '나이' 변수를 결합하고, "입니다"를 결합하여 2초 동안 말한다.
• "사는 곳은"과 '고향' 변수를 결합하고, "입니다"를 결합하여 2초 동안 말한다.

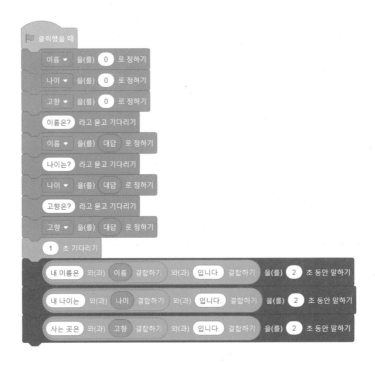

Step 3   리스트를 이용하여 신상정보를 말하는 영희

① 리스트를 이용하여 동일한 내용을 코딩하기

리스트를 이용하여, 이름, 나이, 고향을 입력받고 순차석으로 말한다.

- 깃발을 클릭하면 동작을 시작한다.
- '신상정보' 리스트의 모든 항목을 삭제하여 초기화한다.
- "이름은?" 묻고 기다린다.
- 대답을 '신상정보' 리스트에 저장한다.
- "나이는?" 묻고 기다린다.
- 대답을 '신상정보' 리스트에 저장한다.
- "고향은?"을 묻고 기다린다.
- 대답을 '신상정보' 리스트에 저장한다.
- "내 이름은"과 '신상정보 리스트의 1번째 항목'을 결합하고, "입니다"를 결합하여 2초
  동안 말한다.

- "내 나이는"과 '신상정보 리스트의 2번째 항목'을 결합하고, "입니다"를 결합하여 2초 동안 말한다.
- "사는 곳은"과 '신상정보 리스트의 3번째 항목'을 결합하고, "입니다"를 결합하여 2초 동안 말한다.

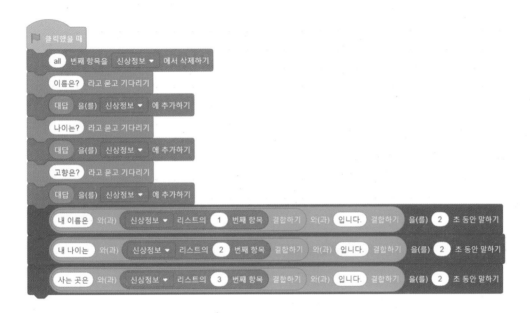

Step 4 변수와 리스트 모두를 이용하여 신상정보를 말하는 영희

① 변수와 리스트 모두 이용하여 동일한 내용을 구현한다.

- 깃발을 클릭하면 동작을 시작한다.
- '신상정보' 리스트의 모든 항목을 삭제하여 초기화한다.
- 변수 '이름' ,'나이', '고향'을 0으로 정한다.
- 리스트의 항목 인덱스를 표현하는 변수 'N'을 0으로 정한다.
- "이름은?" 묻고 기다린다.
- 대답을 '이름' 변수에 저장한다.
- '이름' 변수를 '신상정보' 리스트에 추가한다.
- "나이는?" 묻고 기다린다.
- 대답을 '나이' 변수에 저장한다.

- '나이' 변수를 '신상정보' 리스트에 추가한다.
- "사는 곳은?" 묻고 기다린다.
- 대답을 '고향' 변수에 저장한다.
- '고향' 변수를 '신상정보' 리스트에 추가한다.
- 변수를 이용해서 리스트에 저장된 신상정보를 순차적으로 말하기 위해서, '신상정보의 길이'와 변수 'N'이 같아질 때 까지 반복한다.
  - ▷ '신상정보' 리스트의 항목을 순차적으로 나타내기 위해, 변수 'N'을 1만큼 바꾼다.
  - ▷ 'N'번째 신상정보 항목을 2초 동안 말한다.

특정문자 개수 구하기

입력받은 단어에서 특정문자의 개수를 구해보자.

동작과정

영단어를 입력받아서, 단어의 특정문자를 카운트 한다. 입력받은 단어에서 특정문자의
개수를 계산하려면 어떤 블록을 사용해야 할까?

⚙ Checklist

스프라이트	세부 동작

야옹이
Cat1
	깃발을 클릭했을 때
	• "단어를 입력하세요" 묻고 기다리기
	• '입력한 단어'를 대답으로 정하기
	• 'n'을 1로 정하기
	• '특정문자의 개수'를 0으로 정하기
	• 다음 과정을 '입력한 단어'의 길이만큼 반복하기
	  ▸ 만약 '입력한 단어'의 'n'번째 글자가 a라면
	    – '특정문자의 개수'를 1만큼 바꾸기
	  ▸ 'n'을 1만큼 바꾸기
	• "입력한 단어는"과 변수 '입력한 단어', "입니다"를 결합하여 2초 동안 말하기.
	• "입력한 단어의 길이는"과 변수 '입력한 단어'의 길이, "입니다"를 결합하여 2초 동안 말하기
	• "입력한 단어에서 a의 개수는"과 '특정문자의 개수', "입니다"를 결합하여 2초 동안 말하기

배경	배경 저장소 : **[chalkboard]**
변수	입력한 단어 : 묻고 기다리기로 입력받은 단어를 저장하는 변수 n : 입력한 단어의 글자 수를 카운트하기위한 변수 특정문자의 개수 : 입력받은 단어에서 구하고 싶은 특정문자의 개수를 저장하는 변수(여기서는 a)

Step 1 배경 선택하기

① 배경 선택

• 배경 저장소를 클릭하여 chalkboard를 선택한다.

Step 2 야옹이 스프라이트 선택

① 단어를 입력받고, 특정문자의 개수를 카운트하는 야옹이

단어를 입력받아서, 단어 내의 특정 문자의 개수를 계산한다.

• 깃발을 클릭했을 때, "단어를 입력하세요" 묻고 기다린다.
• 변수 '입력한 단어'를 대답으로 정하고, 입력단어의 길이를 카운트하기 위해 변수 'n'을 1로 정한다.
• 변수 '특정문자의 개수'를 0으로 정한다.

- 입력한 단어를 전부 검사하기 위해, 다음 과정을 '입력한 단어'의 길이만큼 반복한다.
  - a의 개수를 세려고 할 때, 만약 '입력한 단어'의 'n'번째 글자가 a라면
    - '특정문자의 개수'를 1만큼 바꾼다.
  - 입력한 단어에서 다음 문자를 계속 검사하기 위해, 'n'을 1만큼 바꾼다.
- "입력한 단어는"과 '입력한 단어', "입니다"를 결합하여 2초 동안 말한다.
- "입력한 단어의 길이는"과 '입력한 단어'의 길이, "입니다"를 결합하여 2초 동안 말한다.
- "입력한 단어에서 a의 개수는"과 '특정문자의 개수', "입니다"를 결합하여 2초 동안 말한다.

노란 달과 푸른 달 원의 넓이 구하기

각각의 달을 클릭했을 때 서로 다른 원의 넓이를 구하는 프로젝트를 수행해보자

⚙️ 동작과정

고양이가 배경에 있는 노란 달, 푸른 달을 클릭하면 원의 넓이를 각각 계산하여 결과를 알려준다. 원의 넓이를 구하기 위해서는 추가블록을 이용하여 어떻게 표현해야 할까?

⚙ Checklist

스프라이트	세부 동작

Cat1	**추가 블록 《원의 넓이(radius)(PI)》 정의하기**
	• 반지름 값을 받을 매개 변수 (radius) 설정
	• PI값을 받을 매개변수 (PI) 설정
	• '반지름이..'와 radius 결합하기를 1초 동안 생각하기
	• '원의 넓이는'와 radius*radius*PI 결합하기를 2초 동안 생각하기
	
	깃발 클릭했을 때
	• x : −107, y : −103 으로 이동하기
	• '원의 넓이 구하자..' 를 1초 동안 말하기
	• 'Yellow Moon? Blue Moon? 클릭해 봐요!! ' 2초 동안 말하기
	
	원의 넓이를 받았을 때
	• 만약에 Circle이 0 이라면 다음 조건 실행하기
	  ▸ 원의 넓이 (50) (3.14)
	• ~아니면 다음 조건 실행하기
	  ▸ 원의 넓이 (25) (3.14)

Ball	**깃발 클릭했을 때** • x :−22 y:101로 이동하기 • 크기를 200%로 정하기 **이 스프라이트가 클릭될 때** • Circle을(를) 0으로 정하기 • (원의 넓이) 방송하기
Ball2	**깃발 클릭했을 때** • x : 165, y : 30으로 이동하기 • 크기를 100% 로 정하기 **이 스프라이트가 클릭될 때** • Circle을(를) 1로 정하기 • (원의 넓이) 방송하기
배경	배경 저장소 : [Space]
변수	radius : 반지름 값을 정하는 매개 변수 PI : 3.14값을 저장하는 매개 변수 Circle : 원을 구분하기 위해 값을 정하는 변수

Step 1 배경 선택하기

① 배경 선택

- 배경 저장소를 클릭하여 Space 을 선택한다.

Step 2 고양이 스프라이트 선택

① 달의 넓이를 구하기 위한 추가블록 만들기

- 추가블록에서 〈원의 넓이숫자 (radius) (PI)〉를 정의한다.
- 매개변수 (radius)와 (PI)를 만들고 연산블록에서 결합하기 연산블록을 이용하여 '반지름이..'와 (radius) 결합하기를 한다. 그리고 형태 블록의 1초 동안 생각하기와 다시 결합하여 완성 블록을 만든다.
- 연산블록을 이용하여 '원의 넓이는.' 와 (radius) * (radius) * (PI) 결합하기를 하여 결과 값을 낸다. 그리고 형태블록의 1초 동안 말하기와 다시 결합하여 완성 블록을 만든다.

② 달의 넓이를 구하는 고양이

배경에 있는 노란 달, 푸른 달을 클릭하면 추가블록의 원의 넓이를 각각 계산하여 고양이가 결과를 알려준다.

- 깃발을 클릭했을 때 시작하며 위치는 x : -107, y : -103 으로 한다.
- '원의 넓이를 구하자...'를 1초 동안 말하고 ' Yellow Moon? Blue Moon? 클릭하세요!!'를 2초 동안 물어보고 선택을 기다린다.

- 변수 Circle을 만들어 놓고 노란 달인 경우는 1의 값을 푸른 달의 경우는 0의 값을 설정하여 둘의 선택에 비교 값으로 사용된다.

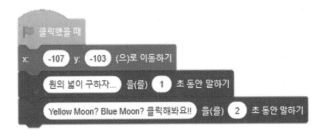

- 이벤트에서 원의 넓이를 받았을 때 고양이는 다음을 실행한다.
- 만약에 변수 값 Circle이 0은 노란 달이 설정되어있으므로 이 조건이면 노란달이 클릭되었을 때 아래를 실행한다.

  ▶ 원의 넓이(50) (3.14) 추가블록이 실행된다. 각 50은 매개변수 radius로 3.14는 매개변수 PI로 전달된다.

  ▶ ~아니면 Circle이 1 일 때는 푸른 달이 설정되어 있으므로 이 조건이면 푸른 달의 원의 넓이가 계산된다.

  ▶ 원의 넓이(25) (3.14) 추가블록 실행 한다. 각 25은 매개변수 radius로 3.14는 매개변수 PI로 전달된다.

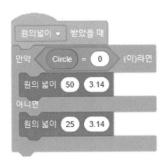

Step 3 **노란 달 스프라이트 선택**

① 노란 달의 넓이

노란 달이 클릭되면 원의 넓이를 구해서 고양이에게 알려준다.

- 깃발을 클릭했을 때 시작하며 노란 달의 위치는 x:−22, y:−101로 시작 한다.

- 크기를 200%로 정하기를 하여 사이즈를 푸른 달보다 크게 한다.
- 블록 실행은 (이 스프라이트가 클릭될 때)로 설정하고 노란 달은 변수 Circle을 0으로 정하기하여 선택 될 때 이 변수 값을 노란 달로 이용한다.
- 원의 넓이 방송하기 블록으로 고양이 스프라이트에게 알리고 고양이 스프라이트는 노란 달의 원의 넓이를 구한다.

Step 4 **푸른 달 스프라이트 선택**

① 푸른 달의 넓이

푸른 달이 클릭되면 원의 넓이를 구해서 고양이에게 알려준다.

- 깃발을 클릭했을 때 시작위치는 x:165, y:30으로 하고 크기를 100%로 정하기를 하여 사이즈를 노란 달보다 작아 보이게 한다.

- 블록 실행은 (이 스프라이트가 클릭될 때)로 설정하고 푸른 달은 Circle 변수를 1로 정하기하여 선택 될 때 이 변수 값을 푸른 달로 이용한다. 원의 넓이 방송하기로 하여 고양이 스프라이트에게 알리고 고양이 스프라이트는 푸른 달의 원의 넓이를 구한다.

변수를 이용한 연필색 바꾸기

변수를 이용해서 스페이스 키를 누를 때마다 딱정벌레 펜의 색이 변하는 프로그램을 작성해보자.

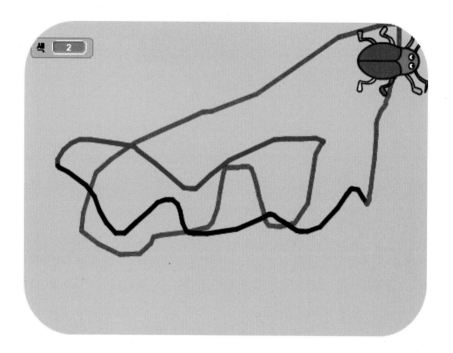

⚙ 동작과정

동작을 시작하면 딱정벌레가 마우스를 따라 계속 움직인다. 스페이스 키를 누르면 딱정벌레가 펜을 그리기 시작한다. 변수를 이용하여 색을 나타내도록 하고, 스페이스 키를 누를 때마다 검정, 파랑, 빨강의 색깔이 임의로 결정되어 그려지게 하려면 어떻게 해야 할까?

포니의 탈출이야기

포니가 탈출을 계획한다. 포니가 해야 할 일은 입력 받은 숫자에 대한 합계를 맞춰야 한다. 어떻게 블록을 만들어야 할까?

⚙️ 동작과정

포니가 밖을 나가서 숲속으로 나가려한다. 나가는 조건은 원하는 숫자를 물어보고 원하는 숫자를 대답하면 그 숫자 값까지 합계를 만드는 조건이다. 포니는 질문을 받고 연산을 완성하면 숲속으로 나가 야호~!를 외친다. 어떠한 블록을 이용하여 묻고 답하여 그 답으로 합계에 이르는 연산을 할 수 있을까?

1~100까지 숫자 중 3의 배수합 구하기

1부터 100까지의 숫자 중에서 3의 배수의 합을 구해서 답을 말하는 프로젝트를 수행해 보자.

⚙️ 동작과정

변수를 이용해서 1부터 100까지의 숫자 중 3의 배수의 합을 구하려고 한다. 변수를 이용해서 1부터 100까지 숫자를 증가시켜가면서 3의 배수를 판단하고, 3의 배수들만 더해서 최종 결과를 말하려면 어떻게 해야 할까?

에비의 쇼핑 리스트

데이터관리 리스트에 쇼핑한 데이터를 입력하고 계산하는 프로젝트를 완성해보자.

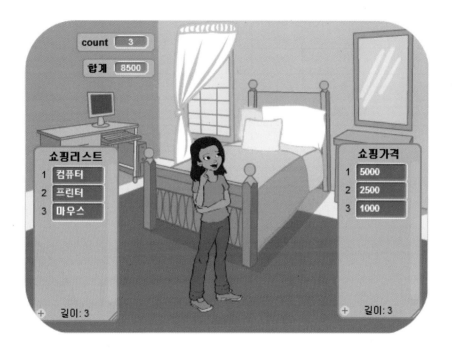

⚙️ 동작과정

에비는 쇼핑을 하고나서 쇼핑리스트를 작성하려고 한다. 구매한 물품들과 물품들의 가격을 정리하고 얼마를 소비하였는지 계산하려할 때 일단 구매한 물품들을 물어보고 데이터를 입력 받아서 쇼핑리스트를 만들고 구매한 물품들의 가격 또한 데이터를 입력 받아서 쇼핑가격 데이터를 만든다. 리스트를 이용하여 리스트에 있는 데이터들의 물품들의 총 합계를 계산하려면 어떤 방식으로 표현해야 할까?

피라미드 그리기

천장함수를 이용하여 피라미드 모양을 그려보자.

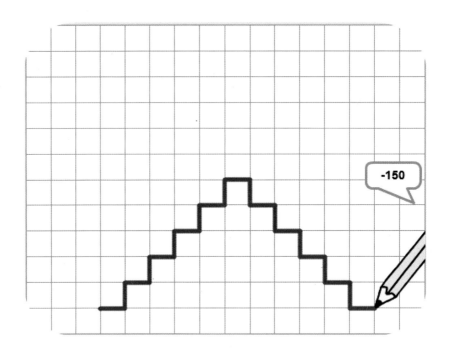

⚙️ 동작과정

천장함수의 그래프를 이용해 피라미드 모양을 그리고자 한다. 연속적으로 그려진 그래프 모양이 피라미드 형태가 되게 하려면 천장함수 블록을 어떤 방식으로 사용해야 할까?

무작위로 원 그리기

크기와 색깔을 입력받아서 원을 그리는 프로젝트를 수행해보자.

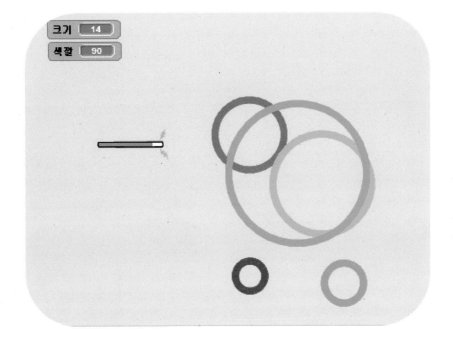

⚙ **동작과정**

크기와 색깔을 입력받아서 원을 그리려고 한다. 임의의 위치에 원을 그릴 때마다 색깔과 크기를 다르게 하고 싶으면 추가블록에서 어떻게 정의해야 할지 고민해보자.

삼각형으로 꽃 그리기

크기와 색깔, 굵기 변수를 입력받아서 꽃을 그리는 프로젝트를 수행해보자.

⚙️ 동작과정

크기와 펜의 색깔, 굵기를 입력받아서 삼각형을 이어 그려 꽃을 완성하려고 한다. 이등변삼각형 모양으로 삼각형을 반복해서 그려 꽃을 완성하려면, 추가블록에서 어떻게 정의해야 할지 고민해보자.

단어 비교하기

입력받은 두 단어를 비교하여 어떤 것이 사전에서 뒤에 오는지 알아보자.

⚙ 동작과정

영단어를 입력받아서, 두 단어의 각 문자를 검사하여 어떤 것이 사전에서 뒤에 위치하는지 알아보고자 한다. 입력받은 단어를 비교하기 위해서는 어떤 블록을 사용해서 원하는 결과를 구해야 할까?

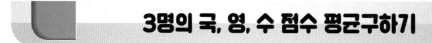

3명의 국, 영, 수 점수 평균구하기

3명의 국어, 영어, 수학 점수를 입력받아서 평균을 구하는 프로젝트를 수행해보자.

{⚙} 동작과정

야옹이가 학생 3명의 국어, 영어, 수학 점수를 입력받아서 평균을 구하고자 한다. 국어, 영어, 수학 리스트를 만들고, 각 리스트에 점수를 입력받아서 그 리스트로부터 각각 학생의 평균을 계산한다. 국어, 영어, 수학 각 리스트의 항목으로부터 값을 읽어 와서 평균을 계산하고, 새로운 리스트를 만들어서 평균 값을 저장한다. 평균 리스트에 저장된 학생 3명의 평균값을 순차적으로 말한다. 위와 같이, 서로 다른 리스트 각 항목의 값을 이용하여 새로운 리스트를 만들려면 어떻게 해야 할까?

영어 단어 공부하기

영어 단어를 묻고 답하면서 공부하는 프로젝트를 수행해보자.

⚙️ 동작과정

동작을 시작하면, 몇 문제 풀 것인지 질문을 받아, 리스트에 저장되어 있는 영어 단어 문제에서 임의로 출제된 단어의 정답을 맞히도록 한다. 정답을 맞히면 "정답입니다."를 말하고, 틀리면 "틀렸습니다. 더 공부하세요."라고 말한다. 문제의 답을 틀렸을 경우, 틀린 문제의 스펠링을 하나하나 말하고 영단어와 단어 뜻을 말한 후, 다음 문제를 출제하려면 어떻게 해야 할까?

마술 봉으로 집 그리기

마법사가 마술봉으로 집을 그리는 프로젝트를 수행해보자.

⚙ 동작과정

마술사가 "집을 만들자~ 수리수리 마수리~ 얍~" 주문을 외우면, 마술사 손에서 마술 봉이 날아가서 집을 그리고, 다시 돌아오는 동작을 수행하는 프로젝트를 작성하려고 한다. 방송하기 블록을 활용하여 마술 봉이 움직이도록 만들고, 반복해서 사각형을 그리는 동작을 표현하기 위해서는 나만의 블록을 사용하는 것이 효율적이다. 실행할 때마다 다른 두께와 색상으로 집 모양과 창문을 그리려면 나만의 블록에서 어떻게 정의해야 할지 고민해보자.

CHAPTER **6**

종합 실습 문제

6.1   이야기 만들기

전래동화, 창작동화 등 우리에게 친숙한 이야기를 상호작용이 가능한 인터랙티브 동화로 만들어 보자.

HINT

- 스크래치 웹사이트에서 '동화'를 검색해 본다.

그림 6.1 스크래치 웹사이트에서 '동화' 로 검색했을 때 나오는 화면

- 배경음악은 저작권 문제에 자유로운 음원을 사용한다.

  http://www.bloter.net/archives/178995

- 등장인물들의 대사는 말풍선을 이용하면 된다.

6.1.1 이야기의 한 장면(한 페이지) 만들기

만들기로 선택한 이야기의 한 부분을 정하여 이야기의 한 페이지를 만든다.

- 이 장면에 필요한 요소들을 정리하여 나열한다.

- 사용자와의 상호작용을 포함하여 각 요소들에 필요한 블록 코드가 어떤 것이 있는지 정리한다.

- 실제로 구현해 본다.

6.1.2 이야기 연결하기

앞서 만들었던 이야기의 한 장면의 앞뒤 부분에 해당하는 이야기들을 추가하여 총 세 장면의 이야기 스토리를 만든다.

▪ 각 장면들에 필요한 요소들을 정리하여 나열한다.

▪ 사용자와의 상호작용을 포함하여 각 요소들에 필요한 블록 코드가 어떤 것이 있는지 정리한다.

▪ 실제로 구현해 본다.

6.1.3 전체 이야기 완성하기

앞서 만들었던 이야기의 세 장면에 이야기의 나머지 부분들을 추가하여 전체 이야기를 완성한다.

6.2 게임 만들기

Step 1 인터넷에서 플래시 게임인 Armor Games의 'THE WORLD'S HARDEST GAME'을 검색한다.

그림 6.2 'THE WORLD'S HARDEST GAME' 첫 화면

Step 2 게임을 미션 1부터 플레이하면서 게임이 어떻게 구성되어 있는지 파악해 본다.

Step 3 미션들 중 하나를 선택하여 스크래치로 최대한 비슷하게 구현한다. 또는 새로운 미션을 하나 스크래치로 만든나. 이후 세임이 잘 동작하는지 테스드 한다.

Step 4 미션들 중 세 가지를 선택하고, 시작화면을 포함하여 스크래치로 최대한 비슷하게 구현한다. 또는 세 가지의 새로운 미션을 시작화면을 포함하여 스크래치로 만든다. 이후 게임이 잘 동작하는지 테스트 한다.

HINT

▪ 스크래치 웹사이트에서 'THE WORLD'S HARDEST GAME'을 검색해 본다.

6.3　그림판 만들기

윈도우 운영체제의 경우 그림판 프로그램을 기본으로 제공한다. 그림판을 실행해서 어떤 기능들이 있는지 사용해보고, 스크래치로 이와 유사한 프로그램을 만들어본다.

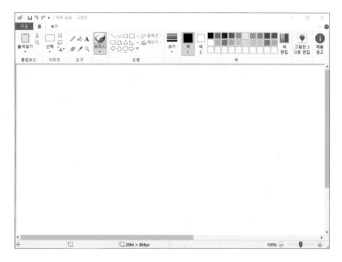

그림 6.3 윈도우 10의 그림판 화면

HINT

▪ 스크래치 웹사이트에서 '그림판'으로 검색해 본다.

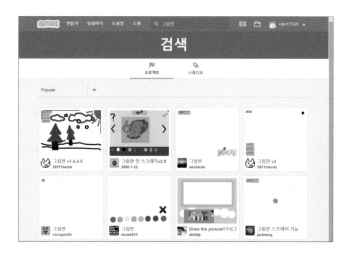

그림 6.4 스크래치 웹사이트에서 '그림판'으로 검색했을 때 나오는 화면

6.4 계산기 만들기

윈도우 운영체제의 경우 계산기 프로그램을 기본으로 제공한다. 계산기를 실행해서 어떤 기능들이 있는지 사용해보고, 스크래치로 이와 유사한 기능을 하는 프로그램을 만들어 본다.

그림 6.5 윈도우 10의 계산기 화면

HINT

- 스크래치 웹사이트에서 '계산기'로 검색해 본다.

그림 6.6 스크래치 웹사이트에서 '계산기'로 검색했을 때 나오는 화면

6.5   아날로그 시계 만들기

우리가 일상생활에서 쉽게 접할 수 있는 아날로그 시계를 스크래치로 만들어 본다. 아날로그 시계는 시계 배경과 시침, 분침, 초침이 있고 시계에 따라 알람 기능을 제공하는 것도 있다.

HINT

▪ 스크래치 웹사이트에서 '아날로그 시계' 로 검색해 본다.

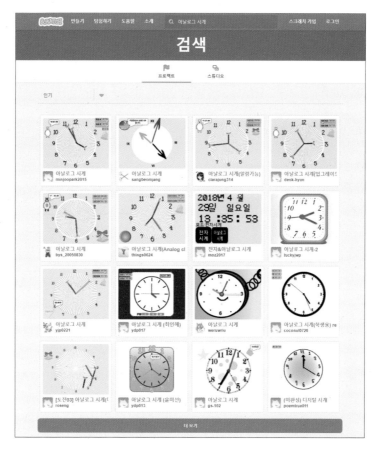

그림 6.7 스크래치 웹사이트에서 '아날로그 시계' 로 검색했을 때 나오는 화면

6.6 디지털 시계 만들기

우리가 일상생활에서 쉽게 접할 수 있는 디지털 시계를 스크래치로 만들어 본다. 디지털 시계는 시계 배경과 시, 분, 초를 숫자로 나타내는 공간이 있고 시계에 따라 알람 기능을 제공하는 것도 있다.

`HINT`

▪ 스크래치 웹사이트에서 '디지털 시계' 로 검색해 본다.

그림 6.8 스크래치 웹사이트에서 '디지털 시계' 로 검색했을 때 나오는 화면

6.7 주크박스 만들기

다양한 음원이 플레이 가능한 주크박스 프로그램을 스크래치로 만들어 본다. 주크박스의 정의와 기능 및 모양에 대해서는 검색 엔진(구글 등)을 활용하여 알아본다.

HINT

- 스크래치 웹사이트에서 'Juke Box' 로 검색해 본다.

그림 6.9 스크래치 웹사이트에서 'Juke Box' 로 검색했을 때 나오는 화면

6.8 자판기 만들기

음료수 또는 다양한 물품을 판매할 수 있는 자판기를 스크래치로 만들어 본다. 자판기
의 정의와 기능 및 모양에 대해서는 검색 엔진(구글 등)을 활용하여 알아본다.

HINT

▪ 스크래치 웹사이트에서 '자판기' 로 검색해 본다.

그림 6.10 스크래치 웹사이트에서 '자판기' 로 검색했을 때 나오는 화면

6.9   신디사이저 만들기

다양한 음원을 연주할 수 있는 신디사이저를 스크래치로 만들어 본다. 신디사이저의
정의와 기능 및 모양에 대해서는 검색 엔진(구글 등)을 활용하여 알아본다.

HINT

- 스크래치 웹사이트에서 'synthesizer' 로 검색해 본다.

그림 6.11 스크래치 웹사이트에서 'synthesizer' 로 검색했을 때 나오는 화면

6.10   숫자 스무고개 만들기

스프라이트가 생각하고 있는 숫자를 사용자가 맞추는 숫자 스무고개 프로그램을 스크래치로 만들어 본다. 스무고개의 정의 및 놀이방식에 대해서는 검색 엔진(구글 등)을 활용하여 알아본다.

HINT

- 스크래치 웹사이트에서 '스무고개'로 검색해 본다.

그림 6.12 스크래치 웹사이트에서 '스무고개'로 검색했을 때 나오는 화면

INDEX